MANUAL DE ESTRATÉGIAS DE REABILITAÇÃO NEUROPSICOLÓGICA PARA ATENÇÃO, MEMÓRIA E FUNÇÕES EXECUTIVAS

MANUAL DE ESTRATÉGIAS DE REABILITAÇÃO NEUROPSICOLÓGICA PARA ATENÇÃO, MEMÓRIA E FUNÇÕES EXECUTIVAS

Fabricia Q. Loschiavo Alvares

Manual de Estratégias de Reabilitação Neuropsicológica para Atenção, Memória e Funções Executivas

1ª Edição - 4ª Reimpressão em janeiro de 2025

DIRETOR
Alcebino Santana

DIREÇÃO DE ARTE
Tiago Rabello

REVISÃO
Natália Castro

CAPA
Artesã Editora

PROJETO GRÁFICO E DIAGRAMAÇÃO
Conrado Esteves

L879 Loschiavo Alvares, Fabricia Quintão.
Manual de estratégias de reabilitação neuropsicológica para atenção, memória e funções executivas / Fabricia Quintão Loschiavo Alvares. – Belo Horizonte : Artesã, 2021.
148 p. ; 21 cm. – (Como eu faço a reabilitação neuropsicológica).
ISBN: 978-65-86140-30-9

1. Neuropsicologia cognitiva - reabilitação. 2. Funções executivas (Neuropsicologia). 3. Atenção. 4. Memória. I. Título.

CDU 616.8

Catalogação: Aline M. Sima CRB-6/2645

IMPRESSO NO BRASIL
Printed in Brazil

(31)2511-2040 (31)99403-2227
www.artesaeditora.com.br
Rua Rio Pomba 455, Carlos Prates - Cep: 30720-290 | Belo Horizonte - MG
/artesaeditora

SUMÁRIO

LISTA DOS MANUAIS DA COLETÂNEA "COMO EU FAÇO A REABILITAÇÃO NEUROPSICOLÓGICA"

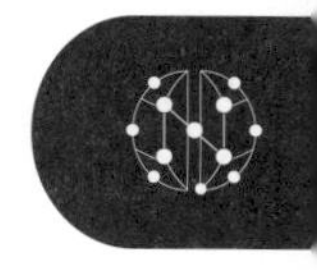

MANUAL PARA A APLICAÇÃO DOS *CORE SETS* DA CLASSIFICAÇÃO INTERNACIONAL DE FUNCIONALIDADE (CIF) NA REABILITAÇÃO NEUROPSICOLÓGICA DOS TRANSTORNOS PSIQUIÁTRICOS

MANUAL PARA A FORMULAÇÃO CLÍNICA PARA A INTERVENÇÃO EM REABILITAÇÃO NEUROPSICOLÓGICA

MANUAL DE ESTRATÉGIAS DE REABILITAÇÃO NEUROPSICOLÓGICA PARA ATENÇÃO, MEMÓRIA E FUNÇÕES EXECUTIVAS

MANUAL DE APLICAÇÃO DE TÉCNICAS DO MÉTODO *OCUPPATIONAL GOAL INTERVENTION* (OGI) NO CONTEXTO DA REABILITAÇÃO NEUROPSICOLÓGICA

MANUAL DE APLICAÇÃO DO *EXECUTIVE FUNCTIONAL PERFORMANCE TEST* (EFPT-Br) NO CONTEXTO DA REABILITAÇÃO NEUROPSICOLÓGICA

MANUAL DE ESTRATÉGIAS DE REABILITAÇÃO NEUROPSICOLÓGICA NOS TRANSTORNOS DE APRENDIZAGEM

MANUAL DE TÉCNICAS DA ABORDAGEM SISTÊMICA APLICADAS À REABILITAÇÃO NEUROPSICOLÓGICA

MANUAL DE ESTRATÉGIAS PARA ABORDAGEM DA ANSIEDADE EM PACIENTES COM TRAUMATISMO CRANIOENCEFÁLICO

MANUAL DE ESTRATÉGIAS PARA ABORDAGEM DA AFETIVIDADE E SEXUALIDADE EM PACIENTES COM TRAUMATISMO CRANIOENCEFÁLICO

PREFÁCIO

Como eu faço a reabilitação neuropsicológica? Pergunta que sempre escuto em todas as aulas e cursos que ministro. Questionamento pertinente, e, sem dúvida, de muita relevância clínica.

Costumo, sempre, ao fazer alusão à reabilitação neuropsicológica, a minha tão amada área de atuação clínica e de pesquisa há anos, como uma arte. Como o oleiro molda o barro para resultar na sua idealizada escultura? Como o escultor maneja as suas ferramentas a fim de apresentar, ao final, a sua obra de arte? Sim, vocês podem me responder, que são fruto de anos de experiência, de inspiração e criatividade, um dom, aprimorado com a observação sistemática, a partir da experenciação de diferentes procedimentos e técnicas, de aprofundamentos teóricos e vivenciais, da paixão, disciplina, enfim, várias são as respostas. Mas em todas, evidenciamos aspectos centrais. A reabilitação neuropsicológica (sou suspeita para falar) é realmente inspiradora e apaixonante. O profissional da reabilitação é aquele disposto, a partir do pouco, a fazer muito, a "pensar fora da caixa", a inovar, a propor caminhos onde inicialmente não se viam nem trilhas. É aquele que tem o olhar acurado para entender além do observado, profissional capaz de criar conexões entre o, a princípio, inconectável. Uma pessoa detalhista, curiosa, dinâmica, observadora, e sim, sensível, versátil, pragmática, mas sempre conectada ao humano.

Então, realmente, penso na analogia de um escultor. Somos escultores! Escultores de novas realidades, novas vivências e comportamentos, de novas ocupações e funcionalidades! E, para tanto, requeremos tudo o que foi mencionado acima, e manejamos todos estes componentes, ou ingredientes, com uma precisão estequiométrica, assim, somos escultores e alquimistas. Aonde entra a paixão? Esta é a parte mais fascinante para mim! Não temos receita de nada (mesmo em indivíduos com o mesmo diagnóstico!), logo, novo paciente, novas fórmulas, novos desafios e resultados, novas esculturas! Gosto muito de uma célebre frase de Henry Alder, que diz que "o cérebro humano tem sido descrito como o único computador universal que pode funcionar com glicose (...). Infelizmente, também é o único computador que é entregue sem manual de instruções. Assim, vemo-nos obrigados a aprender à medida que evoluímos". Imagine ao acrescentarmos as emoções, as experiências e histórias de vida, o ambiente? Quanta imprevisibilidade! Mas quão belo é este componente para a criação! Esta é a beleza da nossa obra de arte, aprendemos e reaprendemos com nossos pacientes. À medida que os auxiliamos a esculpir ou a (re)esculpir as suas próprias vidas, também eles nos auxiliam a esculpir as nossas, mudamos e somos mudados a cada instante.

Desta forma, realmente, muitos dos itens acima não são adquiríveis, são traços, não estado. São características de indivíduos, que os tornam mais inclinados para serem reabilitadores. Mas e as outras? Aquelas que demandam sim um aprendizado e aprimoramento? É para esta que estes manuais e os seus respectivos *boxes* foram criados. Partiram do meu desejo e maior comprometimento de formar profissionais de reabilitação, para que juntos, e em cooperação somemos para o fortalecimento desta área no nosso país e, sem dúvida, agreguemos todo o ferramental científico de que ela tanto necessita. Assim, vários são os títulos, mas em todos, você, profissional da reabilitação, que já dispõe de todas as características traço ressaltadas acima, encontre as respostas para todas as suas perguntas práticas. O eixo central, a linha mestra, é o Modelo Abrangente de Reabilitação Neuropsicológica, ver Loschiavo Alvares & Wilson (2020). Mas todas as questões objetivas e pragmáticas serão nesta coletânea apresentadas de forma didática, fluida, eminentemente clínica, no estilo "como eu faço". E é claro, ela não poderia ter outro nome, se não o "Como eu faço a Reabilitação Neuropsicológica".

Este Manual, intitulado, "Manual de Estratégias de Reabilitação Neuropsicológica para Atenção, Memória e Funções Executivas", o terceiro da supracitada coletânea, tem como propósito central capacitar o profissional da reabilitação a usar as estratégias de reabilitação neuropsicológica para indivíduos com dificuldades de atenção, memória e funções executivas, de uma forma clínica, contextualizada e objetiva. Portanto, este manual é fruto de uma vasta curadoria pessoal, estando aqui, reunidas de forma inédita todas as estratégias para estes domínios cognitivos, compiladas a partir de toda a literatura de interesse da área, somadas a toda a minha experiência clínica de construir e reconstruir o meu jeito de fazer a reabilitação neuropsicológica, a partir de cada paciente e de cada novo desafio clínico.

Todos os formulários apresentados neste livro encontram-se disponíveis para *download* no meu site, www.nexusclinica.com.br, ver orientações abaixo.

Desejo-lhes uma leitura profícua e enriquecedora, além de, claro, muito inspiradora, para que assim, agreguem ferramentas mais "refinadas" e acuradas à extensa bagagem, que tenho certeza, vocês já trouxeram para esculpirem as obras de arte de vocês.

Fabricia Quintão Loschiavo Alvares

ORIENTAÇÕES PARA DOWNLOAD E CURSO

Todos os fluxogramas e tabelas mencionados neste manual estão disponíveis para download no endereço www.nexusclinica.com.br/central-de-downloads.

Basta acessar e preencher o formulário com os seguintes dados: nome, telefone, endereço, e-mail e o ISBN desta obra.

Este manual é material didático do curso "Estratégias de Reabilitação Neuropsicológica para Atenção, Memória e Funções Executivas", disponível em www.cursos.nexusclinica.com.br.

Caso você tenha adquirido este manual e tenha interesse em nossa formação completa no assunto, envie um email para cursos@nexusclinica.com.br, com seus dados e a nota fiscal de compra deste livro, para que receba um voucher especial de desconto na matrícula do curso.

INTRODUÇÃO À COGNIÇÃO NOS TRANSTORNOS PSIQUIÁTRICOS E NAS LESÕES ENCEFÁLICAS ADQUIRIDAS (LEA)

1

A cognição é um fator fulcral que impacta diretamente o funcionamento diário e a qualidade de vida. O comprometimento desta é um achado comum e de grande relevância clínica tanto nos indivíduos com transtornos psiquiátricos, como nos indivíduos pós-LEA, com impacto direto na funcionalidade. Dado que o comprometimento cognitivo tem efeitos devastadores, e que a medicação reduz a severidade dos sintomas, não ocorrendo o mesmo com os ganhos cognitivo e funcional, a reabilitação neuropsicológica (RN) desponta como grande ferramenta terapêutica. Esta tem como propósito central, impulsionar os processos cognitivos para auxiliar as pessoas que vivem com transtornos psiquiátricos (Wykes et al., 2011), bem como após LEA, a melhorar suas capacidades a longo prazo em suas ocupações, vida diária, incluindo a reintegração aos seus ambientes social e de trabalho.

Como já mencionado nos manuais anteriores desta coleção, os processos de reabilitação, segundo a Organização Mundial da Saúde (OMS), têm como maior mote possibilitar que os indivíduos atinjam o maior nível possível de adaptação física, psicológica e social, englobando, portanto, todas as medidas que pretendam reduzir o impacto da inabilidade e as condições de desvantagem, permitindo que as pessoas com alguma deficiência/incapacidade atinjam um nível adequado de integração social (Loschiavo Alvares & Wilson, 2020; Wilson, 2005). Dito isto, a reabilitação neuropsicológica (RN) é compreendida como um processo de utilização de uma ampla variedade de estratégias deliberadamente centradas na pessoa, que estimulam o seu desenvolvimento ou o uso de recursos de que se dispõe para obter um bom desempenho ocupacional. Logo, a intervenção deve ser compreendida de maneira mais ampla, considerando as pessoas em seus contextos, atividades e relacionamentos (Prigatano, 1999; Wilson, 2002). O foco maior é sempre a competência funcional para o desempenho de atividades cotidianas (Loschiavo Alvares, 2020 a).

O eixo central é, portanto, o desenvolvimento de um conjunto de comportamentos mais adaptativos e funcionais, visando ganhos em qualidade de vida, independência e autonomia (Royal et al., 2007). Em concordância com Wilson (2002), a RN caracteriza-se por uma abordagem individualizada que identifica e persegue metas relevantes para os pacientes, contextos e famílias, considerando o desempenho nas suas ocupações. Tem como prioridade a manutenção e/ou desenvolvimento de habilidades cognitivas e a compensação das incapacidades, na medida em que a condição de saúde de base permitir, integra métodos multimodais conduzidos por uma equipe multiprofissional e interdisciplinar (profissionais da saúde, educação e todos os relacionados direta e indiretamente à assistência) e a interação com o ambiente do indivíduo almejando a transferência do programa de reabilitação para a vida diária do mesmo (Kasper et al., 2015). Assim, a condição *sine qua non* é reabilitar a pessoa, e não seus processos neuropsicológicos (Loschiavo Alvares & Wilson, 2020).

E como a entendemos, de forma mais global, a partir das demandas mais recorrentes em indivíduos com transtornos psiquiátricos e pós-LEA?

A COGNIÇÃO NOS TRANSTORNOS PSIQUIÁTRICOS

Nos últimos 50 anos, vários estudos e pesquisas foram conduzidos, e importantes evidências empíricas foram acumuladas, apoiando a eficácia da RN no tratamento dos distintos transtornos psiquiátricos (Loschiavo Alvares & Wilson, 2020), conforme demonstrado na Figura 1 abaixo. Os dados explicitados são decorrentes de uma busca realizada no *Pubmed*, usando as seguintes palavras-chave em associação "*cognitive rehabilitaion*" *AND/OR* "*neuropsychological rehabilitation*" *AND* "*bipolar disorders*" / "*schizophrenia*" / "*depression*" / "*dementia*" / "*adhd*", com os resultados concernentes a cada transtorno apresentados a cada quinquênio, a partir de 2000 até 2020. Para todos os diagnósticos é evidente o número crescente de publicações na área da RN com uma massiva produção nos últimos cinco anos, corroborando a relevância desta temática, configurando a RN como uma fundamental ferramenta terapêutica para esta população.

Figura 1 – O "Estado da Arte" das Publicações em Reabilitação Neuropsicológica nos Transtornos Psiquiátricos

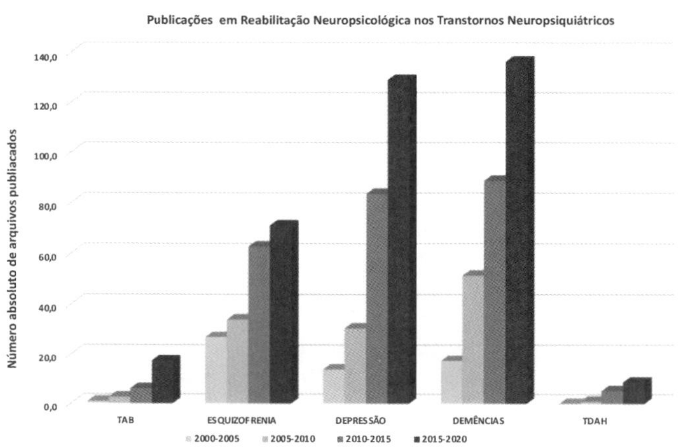

Legenda: TAB – Transtorno Afetivo Bipolar; TDAH – Transtorno do Déficit de Atenção e Hiperatividade.

Neste sentido, em 2013, Kahn & Keefe postularam que, classificar a esquizofrenia como um distúrbio psicótico é uma grande falácia conceitual, que muito contribuiu para a falta de progresso em nossa compreensão dessa doença e, portanto, ao longo de décadas, dificultou o desenvolvimento de tratamentos adequados. Considerando que não apenas os baixos desempenhos cognitivo e intelectual sempre demonstraram ser fatores de risco para esquizofrenia, vários trabalhos apontaram que um declínio no funcionamento cognitivo precede o início da psicose em quase uma década. Assim sendo, não apenas a cognição deve ser reconhecida como o componente principal deste transtorno, mas os esforços de diagnóstico devem enfatizar as mudanças nas funções cognitivas que ocorrem precocemente, no desenvolvimento.

Já no TAB, o declínio cognitivo está associado tanto aos episódios de alteração do humor, como de eutimia, sendo também generalizado, como na esquizofrenia, mas menos grave quando comparado à esta (Dixon et al., 2004; Daban et al., 2006). As pessoas com o transtorno depressivo maior experimentam um declínio nas funções cognitivas, como atenção, aprendizado e memória, velocidade de processamento e funções executivas (Austin et al., 2001; Lee et al., 2012). Sabe-se, ainda, que o comprometimento cognitivo prediz tanto a não resposta ao tratamento do transtorno depressivo quanto ao comprometimento funcional e está relacionado à menor qualidade de vida.

O transtorno do déficit de atenção e hiperatividade (TDAH) é caracterizado pela diminuição do tempo de atenção, declínios na memória operacional, funções executivas e de velocidade de processamento (Vaidya & Stolstorff, 2008; Uekermann et al., 2010). Em relação ao transtorno do estresse pós-traumático (TEPT), sabe-se que há um declínio na atenção, memória de trabalho e capacidade de velocidade de processamento (Twanley et al., 2009). Vários estudos apontaram que pacientes com transtorno obsessivo compulsivo (TOC) apresentavam funcionamento aquém nas funções executivas e na capacidade de memória, sendo tais comprometimentos relacionados à maior gravidade da doença (Cavallaro et al., 2003).

Conforme o acima exposto, o prejuízo cognitivo e, por conseguinte, funcional e ocupacional é uma característica comum e central nas doenças psiquiátricas. Os domínios mais comumente acometidos, portanto considerados domínios "universais" (Loschiavo Alvares & Wilson, 2020) são a atenção, a memória e as funções executivas, havendo também, conforme o diagnóstico, o prejuízo de funções específicas, como, por exemplo a linguagem, a cognição social, e outras.

A COGNIÇÃO PÓS-LEA

As lesões encefálicas adquiridas (LEA) são definidas como lesões que ocorrem no encéfalo após o nascimento, não estando relacionadas a doenças hereditárias, congênitas, degenerativas ou traumas de parto. Alguns estudos epidemiológicos mostram que a maior causa da LEA são os acidentes vasculares encefálicos (AVE), seguido dos traumatismos crânioencefálicos (TCE). A anóxia, as neuroinfecções e os tumores são lesões que ocorrem com menor frequência (Gomez, 2012; Ponte & Fedosse, 2012).

Haja vista a extensa variabilidade clínica, considerando os territórios acometidos e /ou os tipos de lesão, em linhas gerais, as pessoas que sobrevivem a uma LEA podem ficar com sequelas permanentes incluindo déficits motores, sensoriais, cognitivos, de linguagem, emocionais e/ou comportamentais. Estudos indicam que cerca de 50 a 75% dos pacientes podem apresentar alterações cognitivas e comportamentais, sendo que estas sequelas provocam um grande impacto para o indivíduo, sua família e sociedade (Arruda et al., 2015). Concernente ao comprometimento cognitivo, estes, conforme Arciniega et al. (2002), são fontes substanciais de morbidade para os indivíduos afetados, seus familiares e contextos, sendo os déficits em atenção, memória e funções executivas os mais comumente encontrados em todos os níveis de gravidade.

Considerando o acima exposto, independente da causa, os comprometimentos cognitivos decorrentes das LEA ou dos transtornos psiquiátricos, cursarão com prejuízo na tríade atenção, memória e funções executivas, ocupando papel central, tanto pelo impacto decorrente nos demais domínios cognitivos, como pela relevância funcional e ocupacional resultante. Peterson e Posner (2012) ressaltam que a atenção é composta por três funções cognitivas diferentes, a saber: o sistema de alerta, o sistema de orientação e o sistema executivo. As funções executivas, por sua vez, envolvem programação, regulação e verificação da ação (Luria 1966). Lezak (1982) sugere que estas funções estão relacionadas com a formulação de objetivos, planejamento e a execução eficaz de planos direcionados a objetivos. Enquanto a memória, refere-se à capacidade de adquirir ou codificar, armazenar e evocar informações, sendo a primeira etapa, completamente dependente do sistema atencional. Assim, há uma sobreposição entre a atenção, o funcionamento executivo e a memória. Logo, ressalta-se a hierarquia das funções cognitivas, ocupando as três funções, quais sejam, a atenção, memória e funções executivas, posições chave na nossa pirâmide cognitiva, ver Figura 2.

Neste aspecto, a atenção ocupa a base, tendo papel determinante na entrada de informações no nosso sistema nervoso central (SNC), implicando que sem atenção, o processamento das informações não será possível. Desta forma, a atenção é análoga à lente de uma câmera. Quanto mais ampla for a lente mais informações ela captará. Entretanto, para o eficiente processamento cognitivo há a requisição não apenas da atenção, mas também da memória e das funções executivas, que além de estarem no topo da pirâmide, também compõem todas as suas arestas, logo, têm papel crucial no cômpito geral do funcionamento cognitivo.

Figura 2 – A Pirâmide Cognitiva – A Hierarquia das Funções, Adaptada de Voelbel (2014), Kranen (2014), Lindsey (2015)

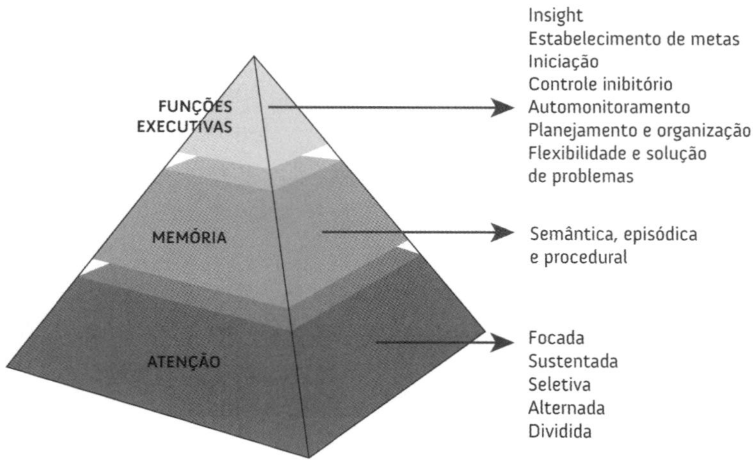

Todas estas informações, compreendidas à luz da RN, implicam que ao considerar a reabilitação da memória, esta não será eficaz sem primeiro estabelecer a reabilitação da atenção, sendo o mesmo raciocínio aplicado à reabilitação das funções executivas, independente da condição de saúde de base. Daí a relevância da proposição deste manual com a temática direcionada a fim de capacitar o reabilitador a compreender os modelos clínicos das funções alvo desta obra, com a apresentação pragmática das estratégias de intervenção para cada domínio com as respectivas contextualizações clínicas. Cabe ainda ressaltar que, como os demais manuais desta coletânea, idealizada e construída a fim de ferramentalizar clinicamente os reabilitadores para a prática efetiva da RN, a linha mestra de todo o conteúdo aqui apresentado é derivada do Modelo Abrangente de Reabilitação Neuropsicológica proposto por Loschiavo Alvares e Wilson (2020). Logo, os maiores aprofundamentos teóricos estão nesta obra, sendo o conteúdo do presente manual construído estritamente para traçar as diretrizes clínicas para o emprego das estratégias de RN da atenção, memória e funções executivas.

Conforme o processo de Formulação Clínica para a intervenção em RN, que à luz do suprarreferenciado Modelo, embasou a proposta do Ciclo de RN (Figura 3), pormenorizadamente apresentado no segundo manual desta coletânea (Loschiavo Alvares, 2020 b), para o delineamento da RN, há a necessidade de atendimento a seis passos, ou seja, as coordenadas para a formulação clínica para a RN, quais sejam:

- Passo 1: Identificação dos problemas e necessidades do indivíduo, através de suas características-chave.
- Passo 2: Relacionar os problemas aos fatores pessoais e contextuais, identificando as metas da intervenção.
- Passo 3: Especificar resultados desejados, contextuais e ocupacionalmente significativos.
- Passo 4: Delinear, implementar e coordenar o plano de intervenção personalizado e funcionalmente orientado.
- Passo 5: Mensurar a eficácia da intervenção.
- Passo 6: Acompanhar a evolução do paciente, em relação ao alcance das metas, com atualizações periódicas, conforme novas demandas funcionais.

Figura 3 – O Ciclo da RN (Loschiavo Alvares, 2020b)

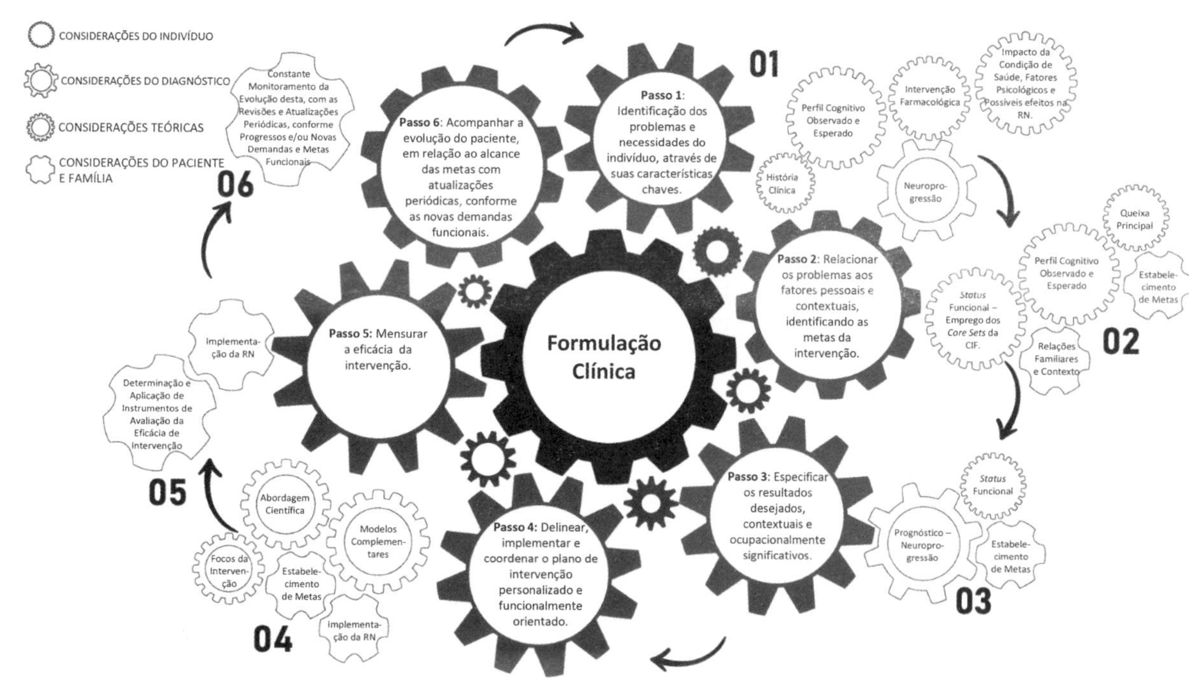

Logo, no presente manual, a maior ênfase será dada ao Passo 4, a partir da apresentação das técnicas associadas à reabilitação da atenção, memória e funções executivas, seguida da breve menção das evidências científicas e, todo o conteúdo é permeado pela apresentação de casos clínicos para ilustrar o pragmatismo da RN, a fim de ilustrar a aplicação das estratégias explicitadas, na perspectiva do ciclo de RN.

A ATENÇÃO E AS ESTRATÉGIAS DE INTERVENÇÃO

2

Conforme Kandel (2009), prestar atenção em algo significa dar foco a determinados aspectos e, ao mesmo tempo, eliminar (ou ignorar) vários outros que estão ao redor, logo, o autor refere-se à atenção como "um filtro", a partir do qual alguns itens ganham maior destaque, em detrimento de outros. Neste sentido, Myers (2012) afirma que atenção é como um facho de luz: "*Por meio da atenção seletiva, sua atenção consciente focaliza, como um feixe de luz, apenas um aspecto muito limitado de tudo aquilo que você vivencia*".

Já Sohlberg & Mateer (2015), propõem cinco componentes para organizar tanto a avaliação da atenção, bem como as estratégias de intervenção, conforme explicitado abaixo:

- Atenção focada: compreendida como a resposta básica ao estímulo (por exemplo, virar a cabeça para estímulo auditivo).
- Atenção mantida / sustentada: este componente engloba tanto a vigilância, ou seja, a manutenção da atenção ao longo do tempo durante atividade contínua, bem como tem como pré-requisito a memória operacional, um componente executivo, que faz a sustentação e manipulação da informação alvo.

- Atenção seletiva: capacidade de selecionar os estímulos alvo, atuando livre da distratibilidade (incapacidade de filtrar estímulos externos irrelevantes).
- Atenção alternada: envolve a capacidade de flexibilidade mental, outro componente de interseção com as funções executivas.
- Atenção dividida: corresponde a habilidade para responder simultaneamente a duas tarefas.

AS ESTRATÉGIAS DE REABILITAÇÃO

Neste sentido, os autores propuseram quatro grupos de estratégias de intervenção para problemas atencionais, quais sejam: os processos de treinamento de atenção, o uso de estratégias e suportes ambientais, o uso de dispositivos externos, e o suporte psicossocial, conforme figura abaixo.

Figura 1 – As Técnicas de RN para a Atenção

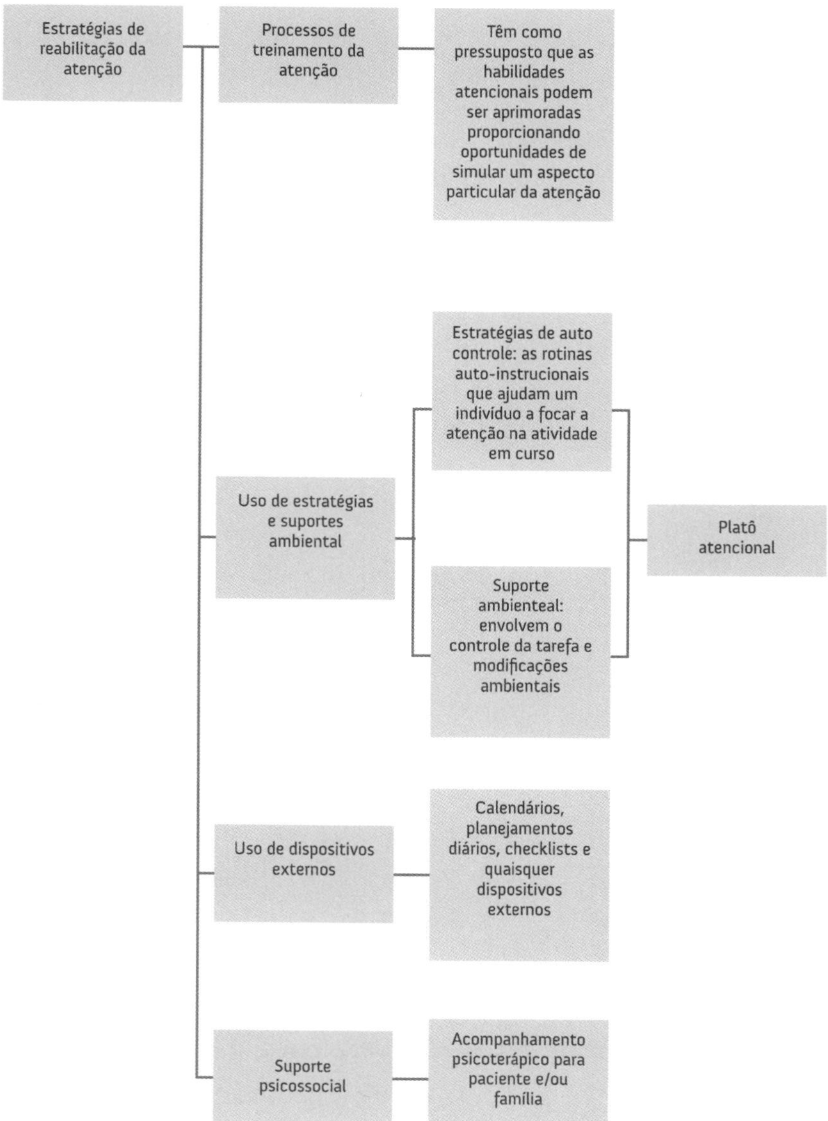

Vale ressaltar que a descrição das estratégias será feita de forma segmentada apenas por fins didáticos, uma vez que na prática da RN, elas são usadas de forma interativa, complementar e dinâmica.

1. Os Processos de Treinamento da Atenção

Estes têm como pressuposto que as habilidades atencionais podem ser aprimoradas proporcionando oportunidades de simular um aspecto particular da atenção, através de séries repetitivas de instruções ou exercícios projetados e também através de pacotes de treinamento de atenção e programas de computador.

Assim sendo, como proceder a fim de selecionar a tarefa/atividade específica? Para tanto, Sohlberg & Mateer (2001) ressaltam as seguintes diretrizes:

1. Qual o componente da atenção esta tarefa ativa?
2. Quais as outras tarefas que poderiam ser agrupadas para permitir a simulação do mesmo tipo de processamento?
3. Quais são os métodos de pontuação dos parâmetros de desempenho objetivo e subjetivo, tais como precisão, velocidade e tipos de erros?
4. Como alterar a administração dos procedimentos para fazer a tarefa mais fácil ou mais difícil, ou quais as outras tarefas que poderiam formar uma hierarquia com esta atividade?

Com estes questionamentos, qualquer atividade pode ser usada como recurso de avaliação e intervenção e parâmetros funcionais podem ser adotados. Considerando tal pontuação, ainda em concordância com Sohlberg & Mateer (2015), seguem alguns exemplos para a abordagem dos componentes atencionais, considerando o modelo clínico supracitado:

- Atenção mantida: Ouvir palavras-alvo ou sequências em gravações para atenção e pressionar uma campainha quando o alvo for identificado. Por exemplo, um paciente com dificuldade neste tipo de atenção, pode apresentar queixas de baixa persistência em uma tarefa cotidiana, com erros progressivos ao longo do tempo. Desta forma, o reabilitador pode desenvolver com este paciente um sistema de orientação a tarefa. Lo Presti et al. (2008) descreveram um sistema eletrônico neste sentido, mas os parâmetros podem ser usados em qualquer tarefa, qual seja: estabelecer um passo a passo com o paciente, de forma a antecipar os possíveis problemas, criar pistas ou um mecanismo de monitoramento para a realização da atividade, tudo com o propósito maior de manter / otimizar o engajamento na tarefa-alvo.
- Atenção alternada: Ouvir um tipo de palavra-alvo ou sequência em gravações para atenção, e depois alterar para ouvir um tipo diferente de palavra ou sequência. Uma queixa decorrente desta dificuldade é a incapacidade de alternar entre as tarefas em curso, ou retomar alguma tarefa após uma interrupção. Uma técnica específica seria parear uma *checklist* com as etapas da tarefa em curso, assim quando o indivíduo for interrompido ao trocar a tarefa, ele é instruído a assinalar o ponto onde parou, o que facilitará a retomada da atividade, e usar concomitante com um alarme, assim, ele terá também uma outra referência externa para ser um gatilho de retomada da atividade (Sohlberg & Mateer, 2001).
- Atenção seletiva: Qualquer uma das tarefas de atenção mantida com distratores barulhentos ou movimentos ao fundo. As queixas de comprometimento neste domínio atencional mais recorrentes são as dificuldades de focar

em uma tarefa na presença de distratores. Desta forma, por exemplo, pode-se orientar o indivíduo a manter o *"tracking"* da tarefa em curso, anotando palavras-chave, fazendo um mapa mental, usando representações visuais, estratégias que dependerão da sua via de entrada de informação mais otimizada, se visual ou verbal. Um exemplo, neste sentido, é a técnica de tela de mesa, apresentada por Sohlberg & Mateer (2001).

- Atenção dividida: Leitura de parágrafos para compreensão e procura simultânea de uma palavra ou letra alvo.

Indo ao encontro do proposto por Sohlberg & Mateer (2015), Fish et al (2017) fornecem dicas e exercícios úteis para melhorar a atenção. Os autores ressaltam que, para minimizar as dificuldades causadas por problemas de atenção, é fundamental perceber quando ocorre algum problema, para que se possa identificar as estratégias corretas de monitoramento a serem usadas. Por exemplo, para praticar a atenção auditiva sustentada, o terapeuta pode solicitar ao paciente que escute programas de rádio, como previsões meteorológicas, reportagens ou resultados de futebol. Assim, cabe ao paciente escutar as principais informações levando-se em consideração se a tarefa é mais fácil caso, por exemplo, o assunto seja do seu interesse. Alguém que está interessado no futebol, por exemplo, pode achar mais fácil se concentrar nos resultados dos jogos do que na previsão do tempo. Pode-se pedir ao paciente que se lembre de outros detalhes, uma vez que este pode ficar tão voltado na tarefa de escutar as informações-alvo que pode não se atentar ao restante do conteúdo. O terapeuta pode discutir o exercício com o paciente e pedir-lhe que pensem em como isso pode impactá-lo no seu dia a dia. Eles podem ser incentivados a tentar a tarefa novamente, usando uma estratégia apropriada, como o uso de um feixe de atenção para focalizar a atenção. Isso significa focar em algumas coisas enquanto ignora outras. Se as tarefas são muito simples para o paciente, é possível aumentar o desafio introduzindo ruídos de fundo, interrupções ou distrações visuais, como um ambiente com estímulos distratores. Para os pacientes que acharem a tarefa difícil, o terapeuta pode minimizar e controlar as distrações visuais e auditivas, sendo este também um critério de hierarquia e dificuldade na tarefa.

Concernente aos estudos de eficácia que têm avaliado o emprego dos processos de treinamento da atenção, os resultados têm sido mais reservados, sendo a mensuração do ganho relacionado à função diária o indicador mais comum de sucesso ou falha no treinamento da atenção. Logo, orienta-se sempre aplicar as estratégias de treinamento da atenção de forma contextualizada, nas atividades cotidianas, conforme as demandas funcionais do paciente.

Um outro recurso é empregar os treinamentos da atenção no sentido de viabilizar a psicoeducação, conforme exemplo abaixo. É importante o reabilitador orientar o paciente que manter a atenção nas tarefas é algo "treinável", ou seja, ao considerar uma atividade que seja de interesse, conforme histórico ocupacional do paciente, é possível o aumento gradual da sustentação da atenção, a partir da manipulação de variáveis da tarefa-alvo. Logo, ao tentar melhorar a habilidade de ler por mais tempo, é melhor treinar em tarefas de leitura, em vez de, por exemplo, treinar em jogos de computador, esperando que isso se generalize para a leitura de livros, o que não ocorrerá! A ideia principal apresentada é que uma melhor habilidade de concentração (em uma tarefa específica) pode ser alcançada pelo aumento gradual do tempo nesta tarefa. Um conceito-chave aqui é aumentar a consciência do direcionamento da atenção a fim de que o tempo em uma tarefa seja ampliado. Desta forma, trabalha-se com o paciente a psicoeducação e a sua consciência e automonitoramento, ou seja, a metacognição, na detecção precoce que sua atenção se desviou e que ele deve agir ativamente para que a retome na tarefa.

Ao atuar desta forma, o que observamos é que sim, a atenção pode até se desviar com a mesma frequência, mas o tempo na tarefa e desempenho são otimizados, devido a redução do intervalo da tarefa e ao retomar a atenção desviada mais rapidamente.

Concernente a aplicação desta técnica para a atenção dividida, novamente os estudos ressaltam que ao delinear a intervenção, cabe ao reabilitador focar em situações de tarefas específicas relevantes na vida do seu paciente. Neste sentido, a principal estratégia apresentada é começar com uma tarefa- alvo, funcional, conforme as metas estabelecidas, e aumentar o nível de habilidade nessa tarefa antes de introduzir gradualmente uma segunda tarefa. A ideia é que aumentar o nível de habilidade em uma tarefa reduz as demandas atencionais dessa tarefa, permitindo assim, de fato, uma liberação de recursos que estarão disponíveis para uma segunda tarefa, que pode ser gradualmente introduzida (Evans, 2020).

2. Uso de Estratégias e Suportes Ambientais

Quanto ao uso de estratégias e suportes ambientais, estes abarcam as estratégias de autocontrole (principalmente as rotinas autoinstrucionais que ajudam um indivíduo a focar a atenção na atividade em curso) e os suportes ambientais, que envolvem o controle da tarefa e modificações ambientais. Neste sentido, é de suma importância, oferecer educação sobre a natureza da atenção, bem como do funcionamento executivo (haja vista a intrínseca relação entre estes), os quais são afetados por vários fatores que também impactam em outros domínios do funcionamento neuropsicológico, como já anteriormente ressaltado. Tais fatores incluem o ambiente circundante, como outras pessoas, ruído, música, televisão, eletrônicos, enfim, quaisquer fontes de distratores. Neste sentido, Evans (2020) traz a proposta de um *quiz* atencional, onde através de perguntas específicas é possível ao reabilitador tanto entender os possíveis componentes atencionais mais prejudicados, bem como ao paciente é facilitada a compreensão de quais são tais componentes necessários para a realização das tarefas do seu dia a dia. Logo, as seguintes perguntas podem tanto ser usadas para a avaliação visando a intervenção, bem como no processo de psicoeducação.

Quiz Atencional (Evans, 2020)

- Você acha difícil ouvir alguém que está conversando com você quando você está assistindo a TV ou ouvindo música ao mesmo tempo? Sim/Não

  Qual o tipo de atenção você acha que é mais exigida? _____
  ____

- Você acha difícil ouvir alguém e escrever ao mesmo tempo? Sim/Não

  Qual o tipo de atenção você acha que é mais exigida? _____
  ____

- Você acha difícil ouvir uma pessoa que está conversando com você, se estiver em uma multidão barulhenta? Sim/Não

  Qual o tipo de atenção você acha que é mais exigida? _____
  ____

- Você acha difícil conversar com alguém ao telefone enquanto assiste televisão? Sim/Não

  Qual o tipo de atenção você acha que é mais exigida? _____
  ____

- Você acha que sua mente divaga quando você está assistindo a um filme ou lendo um livro? Sim/Não

  Qual o tipo de atenção você acha que é mais exigida? _____

  ____

- Você perde o raciocínio do que está dizendo no meio de uma frase? Sim/Não

  Qual o tipo de atenção você acha que é mais exigida? _____

  ____

- Você acha difícil encontrar um número de telefone em uma lista telefônica? Sim/Não

  Qual o tipo de atenção você acha que é mais exigida? _____

  ____

Em relação ao controle ambiental, este se refere a qualquer variável interna ou externa que pode interferir no funcionamento atencional. Como exemplos de "distratores" internos, têm-se o humor, os pensamentos preocupantes, estresse, ansiedade, depressão, todos que provocam a alteração na homeostase emocional e "consomem" maior gradiente atencional, prejudicando assim, a orientação do facho atencional para a demanda ambiental e/ou tarefa em curso (Loschiavo Alvares & Wilson, 2020). Fatores físicos como fadiga, dor, fome, doença também seriam incluídos (Fish et al., 2017; Winegardner, 2017). Desta forma, cabe ao terapeuta atentar-se a todas estas possíveis influências e intervir de forma ativa no ambiente do paciente, bem como capacitá-lo a fazê-lo, a fim de evitá-las, removê-las ou minorar o impacto destas no seu desempenho ocupacional.

2.1. A Estratégia do Platô Atencional

Esta é uma técnica inédita, que traz a interseção dos pressupostos das estratégias de autocontrole e suportes ambientais que foi desenvolvida e aprimorada por Loschiavo Alvares. O objetivo é a manipulação e controle dos componentes da tarefa- alvo na RN, modificando a forma de executá-la e também é embasada em estratégias autoinstrucionais, uma vez que demanda um processo de automonitoramento por parte do paciente.

Para a aplicação da técnica do Platô Atencional, é fundamental que o compreendamos, qual seja o tempo que conseguimos empregar com eficiência os nossos recursos atencionais a fim de capturar do contexto e /ou da atividade as informações relevantes e condizentes com a demanda da tarefa. Assim sendo, ao tomarmos o platô atencional como uma função resultante da interação entre o tempo de duração da tarefa e a "quantidade" de atenção empregada nesta, teríamos a seguinte apresentação, Figura 2.

Figura 2 – O Platô Atencional em um Inidvíduo sem Comprometimento Atencional

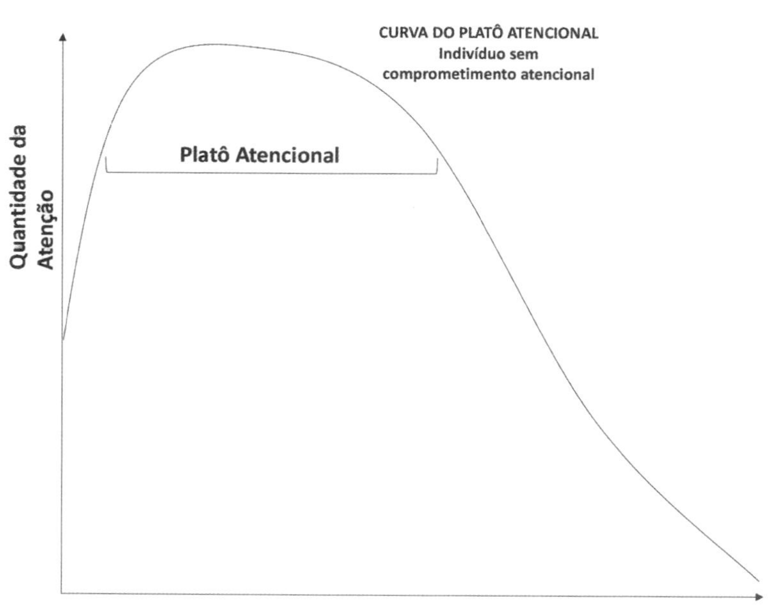

Como pode ser visto acima, um indivíduo sem comprometimento da atenção, ao iniciar qualquer tarefa tem o máximo de rendimento atencional e, ao passar do tempo, este vai sendo diminuído gradualmente, daí a importância de empregarmos sempre pausas frequentes, a fim impedirmos a queda do nosso platô. Este é o funcionamento cognitivo típico.

Ocorre que em indivíduos com comprometimento atencional, seja este decorrente de transtornos psiquiátricos ou de LEA, o platô é mais curto, incorrendo em quedas frequentes, que, por sua vez implicam em um emprego de um grande esforço cognitivo para a retomada do rendimento atencional, ver Figura 3.

Figura 3 – O Platô Atencional em um Inidvíduo com Comprometimento Atencional, sem o Emprego das Estretégias de Atenção

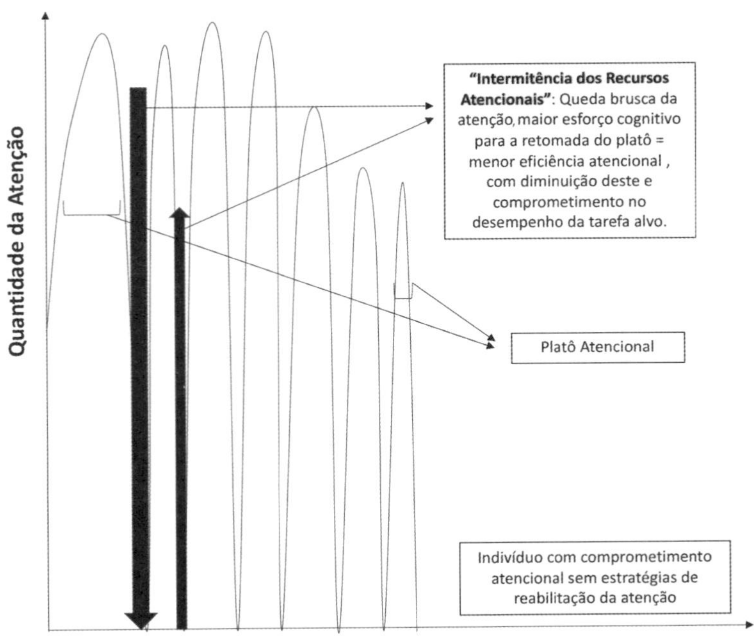
Quantidade da Atenção
"Intermitência dos Recursos Atencionais": Queda brusca da atenção, maior esforço cognitivo para a retomada do platô = menor eficiência atencional , com diminuição deste e comprometimento no desempenho da tarefa alvo.
Platô Atencional
Indivíduo com comprometimento atencional sem estratégias de reabilitação da atenção
Tempo da Tarefa

Tal funcionamento dispende muita energia para pouco retorno, é como se todo o aparato cognitivo trabalhasse em um funcionamento intermitente, onde teríamos os circuitos atencionais lutando para atuar e quando chegassem ao pico de máximo rendimento, devido a fadiga para alcançar o topo, descessem logo em seguida, não conseguindo se sustentar, havendo a descontinuidade do rendimento na tarefa. E a "intensidade" desta queda é proporcional ao esforço da subida, e desta forma, com este *modus operandi*, o indivíduo, ao final do dia, após reiteradas tentativas de prestar atenção, concentrar-se em uma tarefa acadêmica, por exemplo, vivenciaria uma sensação real de fadiga, extenuação cognitiva, e um prejuízo importante no desempenho em tarefas que demandam este esforço atencional. Logo, o objetivo com o emprego desta técnica, de forma sempre contextualizada, é fazer com que o paciente tenha este platô atencional otimizado e evite as quedas bruscas, interrompendo-as. Para tal, recomenda-se a intervenção da seguinte forma:

1. Realização da mensuração do platô atencional (tempo no qual o indivíduo mantém a atenção em uma tarefa-alvo de forma satisfatória), por exemplo, 30 minutos.

Como? Solicita-se ao paciente que escolha uma leitura que lhe seja relevante e que cronometre o tempo em que destinou ativamente a sua atenção para a compreensão do conteúdo lido. Assim que lhe ocorrerem quaisquer outros pensamentos intrusivos, ou que se perceber divagando e desviando o foco atencional da leitura para qualquer outro estímulo, interromper o cronômetro e anotar este tempo.

Dica:

- O paciente pode cronometrar o tempo em duas matérias diferentes, uma de sua predileção, onde espera-se que ele tenha um maior platô atencional, devido à sua motivação e interesse, e outra que não tenha tanta afinidade, onde espera-se que o tempo do platô seja menor. Assim, o reabilitador terá dois distintos parâmetros.

- Pode-se variar com a realização da mesma atividade de leitura em ambientes distintos, um com mais distrator e outro com menos, assim o próprio paciente terá noção, por exemplo, dos fatores ambientais intervenientes na tarefa!
- Pode-se mensurar o platô atencional nas situações com e sem uso de medicação psicoestimulante, assim também seria possível ter de forma objetiva, para o paciente, seu desempenho com a ação medicamentosa, haja vista sua já descrita influência (Heinrich et al., 2017).

2. De posse do tempo mensurado, o reabilitador propõe a realização da atividade-alvo, por exemplo leitura em um tempo equivalente a 75% - 80% do cronometrado, assim há a garantia de que não haverá a queda brusca da atenção e com isto, não haverá comprometimento da eficácia atencional na tarefa. Desta forma, mesmo com as interrupções frequentes mas programadas, ao retomar a atividade, os recursos atencionais já serão disponibilizados em uma quantidade otimizada, e mesmo com platôs mais curtos, mas mais funcionais, no somatório geral da tarefa, o indivíduo terá maior rendimento e menor cansaço, pois houve o alcance de seu rendimento com menor esforço. Ver na figura 4 o novo cenário.

Figura 4 – O Platô Atencional em um Inidvíduo com Comprometimento Atencional, com o Emprego das Estretégias de Atenção

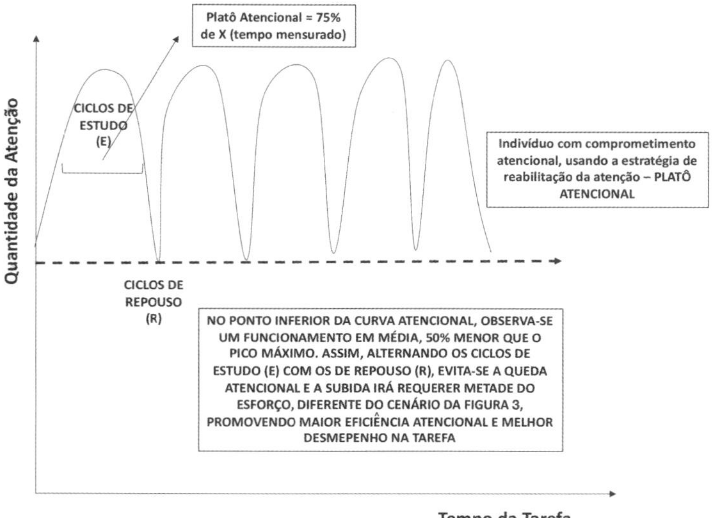

Como? Tomando como exemplo os 30 minutos cronometrados, em média, faria parte do programa de treinamento da atenção solicitar ao indivíduo que lesse durante 25 minutos (80% tempo) seguidos de mais 5 minutos de pausa, o que significa qualquer outra tarefa que não seja leitura e nem eletrônicos! Desta forma teríamos 1 ciclo de estudo (E), que compreende a leitura mais o ciclo de repouso (R), conforme demonstrado na figura 4.

Dica:

- para organizar um cronograma de atividades acadêmicas, o reabilitador calcula junto com o indivíduo quantos ciclos ele consegue realizar sem fadiga, mantendo um nível satisfatório de rendimento cognitivo. Pode-se usar para tanto uma escala subjetiva de desempenho, segue exemplo a seguir.

A partir dos parâmetros estabelecidos abaixo, avalie de 0 (péssimo) a 10 (ótimo) seu desempenho:

PARÂMETROS	ÍNDICES
Depois de XX minutos / horas, como você acha que está a sua capacidade de apreensão do conteúdo lido?	
Durante estes XX minutos / horas, como você acha que está a sua capacidade de concentração na leitura?	
Ao longo destes XX minutos / horas, como você avalia a não ocorrência de distratores e/ou pensamentos intrusivos?	
ÍNDICE GERAL APÓS OS CICLOS (MÉDIA DOS ÍNDICES DAS PERGUNTAS ACIMA)	

Desta forma, o reabilitador e o paciente, usam estes parâmetros ao final de cada ciclo, e a média do primeiro ciclo serve como balizador para os demais, e quando há uma diminuição de 30% comparando o ciclo 1 com o ciclo X, entende-se que então foi alcançado o número ideal de ciclos de estudo por turno.

Dicas:

- Pode-se repetir a mesma sequência, por exemplo, em turnos diferentes. Em relação a regulação do ciclo circadiano, há pessoas que são mais matutinas, ou seja, aquelas que apresentam um melhor rendimento no período matinal e que vão apresentando queda de rendimento a partir da tarde, e o contrário, pessoas que são mais vespertinas. Assim o reabilitador pode, junto com o paciente, testar quantos ciclos ele conseguiria fazer no período da manhã, da tarde, ou até mesmo a noite, e dentro de uma estratégia de controle ambiental (descrita abaixo), estabelecer qual seria o melhor turno, com maior aproveitamento, para o estudo.

- Ao longo dos ciclos, a fim de estabelecer um índice de produtividade acadêmica, reabilitador e paciente podem quantificar seu desempenho para o estabelecimento de uma métrica de produtividade, por exemplo, quantas páginas foram lidas. Assim, ambos teriam todos os parâmetros objetiva e funcionalmente estabelecidos para criarem um cronograma acadêmico, considerando o platô atencional otimizado, o número de ciclos (tempo estudo + tempo repouso) e a quantidade de conteúdo lido, permitindo uma estimativa real de rendimento. Tais aspectos contribuem de maneira concreta para o estabelecimento de metas, inclusive atendendo aos seus princípios SMARTER. A reabilitação está intrinsecamente relacionada à capacitação do indivíduo para que este desempenhe e participe de atividades, as quais lhes sejam pessoalmente significativas. Em outras palavras, o objetivo da reabilitação é permitir que os pacientes atinjam os seus objetivos pessoais. E, para a determinação das metas, alinhadas ao atendimento deste maior objetivo, ressalta-se o atendimento aos pressupostos do acróstico SMARTER, que são do inglês, *Specific, Measurable, Achievable, Realistic, Timeframe*, que no português significam específica, mensurável, realizável, realista e temporalmente definidas, e as últimas duas letras, ER, que em português denotam envolvente e recompensadora ou avaliar e revisar (MacLeod, 2013 ; Evans & Krasny-Pacini, 2017). Para maior aprofundamento nesta temática ler Loschiavo Alvares & Wilson (2020).

Considerando o exposto, de uma forma mais tangível, para o emprego da técnica do Platô Atencional, considerando uma possível meta de melhora no desempenho acadêmico, com maior aproveitamento do conteúdo lido, o reabilitador precisará determinar: o platô atencional do paciente, estabelecer os parâmetros do ciclo estudo e repouso, quantos ciclos o paciente fará por dia (considerando todas as variáveis acima citadas), qual a produtividade em cada ciclo, qual o parâmetro diário de produtividade e então, determinar um cronograma de estudos, à luz das demandas do paciente. Ver formulário clínico para a aplicação da técnica do Platô Atencional, abaixo, figura 5.

Figura 5 – Formulário Clínico para Aplicação da Técnica do Platô Atencional

Nome:____

Platô Atencional Mensurado: __________/ minutos – horas

Em qual atividade? ______________________________
(Especificar qual matéria, de predileção ou não, em qual ambiente, se com ou sem distratores, se em uso ou não de medicação psicoestimulante. Anotar todas as variações do tempo medido).

Tempo 1 – Matéria ______________________
Grau de Dificuldade: ( ) Fácil ( ) Médio ( ) Difícil = X1

Tempo 2 – Matéria ______________________
Grau de Dificuldade: ( ) Fácil ( ) Médio ( ) Difícil = X2

Tempo Final = Média X1 e X2 = Y. Platô Atencional = 75 a 80% de Y

Ciclo = _______ minutos /hora estudo + _______ minutos repouso
(qualquer atividade exceto leitura e eletrônicos)

Quantos ciclos por dia? Estimativa para um cronograma de atividades acadêmicas.

PARÂMETROS	ÍNDICES
Depois de XX minutos / horas, como você acha que está a sua capacidade de apreensão do conteúdo lido?	
Durante estes XX minutos / horas, como você acha que está a sua capacidade de concentração na leitura?	
Ao longo destes XX minutos / horas, como você avalia a não ocorrência de distratores e/ou pensamentos intrusivos?	
ÍNDICE GERAL APÓS OS CICLOS (MÉDIA DOS ÍNDICES DAS PERGUNTAS)	
* média do primeiro ciclo será o balizador para os demais, e quando há a uma diminuição de 30% comparando o ciclo 1 com o ciclo X, entende-se que então foi alcançado o número ideal de ciclos de estudo por turno	*________

Determinar a produtividade em cada ciclo:

Número de paginas lidas / estudadas ______________________

A partir daí, qual o parâmetro diário de produtividade? __________

Qual estratégia de codificação* será usada? ________________

*Ver capítulo 3.

3. Uso de Dispositivos Externos

Já o uso de dispositivos externos inclui, por exemplo, o uso de calendário com planejamentos diários, escrever listas de verificação, organizadores eletrônicos e aplicativos, gravadores de mensagem ativados pela voz, dispositivos específicos para a realização de uma tarefa-alvo, enfim qualquer tipo de facilitador externo que auxilie no desempenho da atividade, bem semelhante às estratégias usadas na reabilitação da memória, como apresentadas no capítulo seguinte.

4. Suporte Psicossocial

Por fim, o suporte psicossocial, não menos importante. Em todo comprometimento cognitivo há um lastro psicossocial, assim, o emprego de abordagens psicoterápicas, (mais uma vez frisando a importância do trabalho integrado com a psicologia), que capacitam os indivíduos e familiares a entenderem e modificarem as suas circunstâncias, auxiliam substancialmente no melhor prognóstico da RN e por isto, faz parte do *hall* de estratégias enumeradas para a reabilitação.

EVIDÊNCIAS CIENTÍFICAS

Existem algumas evidências de que treinar funções atencionais específicas usando programas de treinamento cognitivo computadorizado pode ser benéfico (Sturm et al., 2002), entretanto as evidências de que tais programas de treinamento generalizem para o desempenho em atividades funcionais são bastante incipientes, havendo estudos que inclusive as contraindicam.

Já as evidências sobre os benefícios do treinamento no uso de estratégias para gerenciar ou compensar problemas de atenção são mais robustas (Cicerone et al. 2005). Uma meta-análise de Park e Ingles (2001) sugeriu que há evidências significativas que corroboram a hipótese de que o desempenho dos indivíduos com comprometimentos da atenção em atividades funcionais pode ser melhorado por meio do treinamento. Ao trabalhar diretamente em atividades funcionais, os pacientes podem desenvolver estratégias para compensar as dificuldades de atenção ou, em alguns casos, se tornar habilidosos em uma tarefa específica, de modo que a tarefa requeira uma atenção menos consciente, logo demande de um processamento mais automático, implícito e, portanto, esteja menos sujeita a erros causados por desatenção. Existem evidências de que a atenção sustentada pode ser treinada por meio da modelagem gradual em tarefas funcionais específicas, neste sentido, ressalta-se o trabalho de Manly (2004).

Assim, de uma forma geral, as intervenções direcionadas à atenção devem incluir não apenas o treinamento com diferentes modalidades de estímulo e complexidade, mas também atividades funcionais, nas quais cabe ao reabilitador monitorar o desempenho do sujeito, fornecer *feedback* e estratégias específicas. Logo, conclui-se que o treinamento de atenção é mais eficaz quando direcionado ao incremento do desempenho do sujeito em tarefas funcionais e complexas, sendo condição fundamental, o minucioso exame do impacto da intervenção nas atividades da vida diária (AVD) e em outras tarefas funcionais (Cicerone et al., 2000; 2019).

CASO CLÍNICO

A fim de ilustrar o emprego das estratégias acima apresentadas, em relação a metas específicas, será descrito um recorte de um caso clínico, com as informações de interesse para a aplicação das técnicas relativas à atenção.

H.I.L, sexo feminino, 36 anos. Formada em administração, funcionária pública. Diagnosticada com TDAH, em uso de Ritalina 20mg. Atualmente cursa uma pós-graduação.

H.I.L foi encaminhada por sua psicóloga para a RN devido a queixas de dificuldades atencionais e disfunção executiva com reflexos nas atividades cotidianas da paciente. Conforme resultados da avaliação neuropsicológica realizada previamente, H.I.L apresenta inteligência geral considerada muito superior, quando comparada a adultos de mesma idade e escolaridade. Ela também apresentou resultados dentro ou acima da média em referência às seguintes funções cognitivas: fluência semântica e fonêmica, linguagem, planejamento, memória semântica e habilidades visuoespaciais. Entretanto, foi evidenciado um desempenho abaixo do esperado em relação à velocidade de processamento, atenção e flexibilidade cognitiva. No que tange ao humor, a paciente obteve escores mínimos para depressão e ansiedade nos inventários aplicados.

Na avaliação funcional, especificamente no *Core Set* de TDAH Breve Adulto aplicado, ver o primeiro manual desta coletânea para o aprofundamento no emprego da Classificação Internacional de Funcionalidade (CIF) e seus *Core Sets* na RN (Loschiavo Alvares, 2020 a), as principais dificuldades da paciente, com maiores prejuízos tanto na sua capacidade como no seu desempenho foram observadas nas seguintes categorias das Atividades e Participação:

- d160: CONCENTRAR A ATENÇÃO;
- d161: DIRECIONAR A ATENÇÃO;
- d220: REALIZAR TAREFAS MÚLTIPLAS;
- d250: GERENCIANDO O PRÓPRIO COMPORTAMENTO;
- d830: EDUCAÇÃO DE NÍVEL SUPERIOR.

As queixas funcionais relatadas pela paciente foram:

- Dificuldade de manter-se estudando pelo tempo necessário, o que implica em ler os textos para os seus trabalhos da pós-graduação;
- Durante a leitura acha-se "avoada" (sic), dizendo que o pensamento divaga e quando assusta, já se passaram horas e ela não teve o rendimento devido;
- Dificuldade em manter a concentração;
- Cansaço mental exacerbado ao fim do dia.

Considerando o caso exposto, a fim de atender ao Passo 4 do Ciclo da RN (Loschiavo Alvares, 2020 b), a organização das informações para a escolha das estratégias, embasadas tanto nas considerações do indivíduo, do diagnóstico, teóricas e do paciente, conforme o modelo de RN (Loschiavo Alvares & Wilson, 2020), quanto à luz das demandas funcionais e metas estabelecidas, foi exposta na tabela 1 abaixo.

Tabela 1 – Organização Clínica para Escolha das Estratégias Atencionais a Serem Empregadas

	DÉFICITS	QUEIXAS FUNCIONAIS	ASSOCIAÇÃO COM OS CÓDIGOS DA CIF – *CORE SET*	META DE INTERVENÇÃO	ESTRATÉGIAS
ATENÇÃO	Desempenho abaixo do esperado em relação à velocidade de processamento, atenção focada, sustentada, seletiva, alternada, dividida, e flexibilidade cognitiva.	Dificuldade de manter-se estudando pelo tempo necessário, o que implica em realizar as atividades acadêmicas que demandam ler os textos para os seus trabalhos da pós-graduação; Durante a leitura acha-se "avoada" (sic), dizendo que o pensamento divaga e quando assusta, já se passaram horas e ela não teve o rendimento devido; Dificuldade em manter a concentração;	d160, d161, d220, d250, d830 d160, d161 d160, d161, d220, d250	H.I.L. SERÁ CAPAZ DE REALIZAR AS ATIVIDADES DE LEITURA, PRÉ-REQUISITOS PARA AS SUAS TAREFAS ACADÊMICAS COM A MELHORA DO SEU DESEMPENHO, TENDO UM MAIOR APROVEITAMENTO, CONFORME AS SUAS PRÓPRIAS AVALIAÇÕES E TAMBÉM CONFORME OS ESCORES DAS CATEGORIAS RESSALTADAS NO CORE SET, COM MELHORA EM 80% DA FADIGA RELATADA.	PROCESSOS DE TREINAMENTO DA ATENÇÃO: processos de treinamento focados na psicoeducação para aumento dos recursos de automonitoramento. USO DE ESTRATÉGIAS E SUPORTES AMBIENTAIS: considerando as estratégias de autocontrole e de suportes ambientais com o controle das tarefas, foi empregada a Técnica de Platô Atencional, conforme extensa descrição no item 2.1. H.I.L, passou a executar suas tarefas conforme o cronograma abaixo. Como pode ser notado, há 2 linhas a serem preenchidas diariamente com o número de ciclos realizados por dia e a quantidade da matéria estudada. Dados que auxiliam na parametrização do desempenho de H.I.L. USO DE DISPOSITIVOS EXTERNOS: conforme hábitos prévios da paciente, o uso da Google Agenda foi mais sistematizado a fim de atender a critérios mais executivos para a priorização, organização e planejamento para estabelecimento da ordem de execução. SUPORTE PSICOSSOCIAL: H.I.L. já estava em acompanhamento psicoterápico quando iniciou a RN e se manteve. Foram realizados atendimentos em conjunto com a sua psicóloga para a discussão dos impactos emocionais dos comprometimentos cognitivo e funcional e também para a delimitação de parâmetros para posterior avaliação da eficácia.

Tabela 2 – Cronograma de Tarefas de H.I.L., Determinadas a Partir da Técnica do Platô Atencional

Horário	Quinta	Sexta	Sábado	Segunda	Terça	Quarta
07:00	Atividade Física		Atividade Física		Atividade Física	
08:00	Ciclos 1, 2, 3	Ciclos 1, 2, 3	Revisão das matérias estudadas na semana	Ciclos 1, 2, 3	Ciclos 1, 2, 3	Ciclos 1, 2, 3
09:00						
10:00	Intervalo / Atividades Instrumentais	Intervalo / Atividades Instrumentais		Intervalo / Atividades Instrumentais	Intervalo / Atividades Instrumentais	Intervalo / Atividades Instrumentais
11:00	Ciclos 4 e 5	Ciclos 4 e 5	Exercícios	Ciclos 4 e 5	Ciclos 4 e 5	Ciclos 4 e 5
12:00						
13:00	Almoço	Almoço		Almoço	Almoço	Almoço
14:00	Deslocamento	Deslocamento	Livre	Deslocamento	Deslocamento	Deslocamento
15:00	Dra. Fabricia Reabilitação Neuropsicológica	Trabalho		Trabalho	Trabalho	Trabalho
16:00	Trabalho					
17:00						
18:00						
19:00						
20:00	Organização Doméstica	Organização Doméstica		Organização Doméstica	Organização Doméstica	Organização Doméstica
21:00	Jantar	Jantar		Jantar	Jantar	Jantar
22:00	Dormir	Dormir		Dormir	Dormir	Dormir
Número de ciclos realizados por dia						
Matérias estudadas – quantidade de páginas						
Ciclos 35 minutos (25 minutos estudo + 10 minutos repouso)	Orientações dos ciclos: ciclo 1 – matéria direito administrativo; ciclo 2 – contabilidade; ciclo 3 – raciocínio lógico; ciclo 4 – matemática financeira; ciclo 5 – revisão das matérias do dia (passar os olhos no livro / caderno e fazer mapa mental). Estratégias a serem usadas: para a codificação: PQRST, recapitulação mental, mapa mental.					

O programa de RN de H.I.L foi desenvolvido ao longo de quatro meses, com sessões semanais, 16 no total. Relativo ao alcance da meta estabelecida, de acordo com Tabela 1, esta foi alcançada após a 8ª sessão, com sucesso. O programa de RN continuou devido a outras metas estabelecidas, consonantes com as dificuldades mnemônicas e executivas da paciente, aqui não abordadas devido ao escopo maior ser a atenção. H.I.L. apresentou redução de grave (qualificador 3) para nenhum problema (qualificador 0) nas categorias supracitadas da CIF, apresentando ainda, uma percepção subjetiva muito positiva de desempenho, com redução expressiva no seu cansaço.

3 A MEMÓRIA E AS ESTRATÉGIAS DE INTERVENÇÃO

A memória pode ser definida como a capacidade de receber, armazenar e recuperar informações. Embora, quase sempre, não seja possível restaurar o funcionamento da memória, é possível que as pessoas compensem, contornem ou reduzam seus problemas diários, e assim, vivam com mais eficiência em seus próprios ambientes de forma mais apropriada e funcional (Loschiavo Alvares & Wilson, 2020).

Uma proposta taxonômica da memória, baseada na duração da retenção das informações, é mostrada a seguir, ver Figura 1.

Figura 1 – Taxinomia da Memória (Adaptado de Squire, 2004)

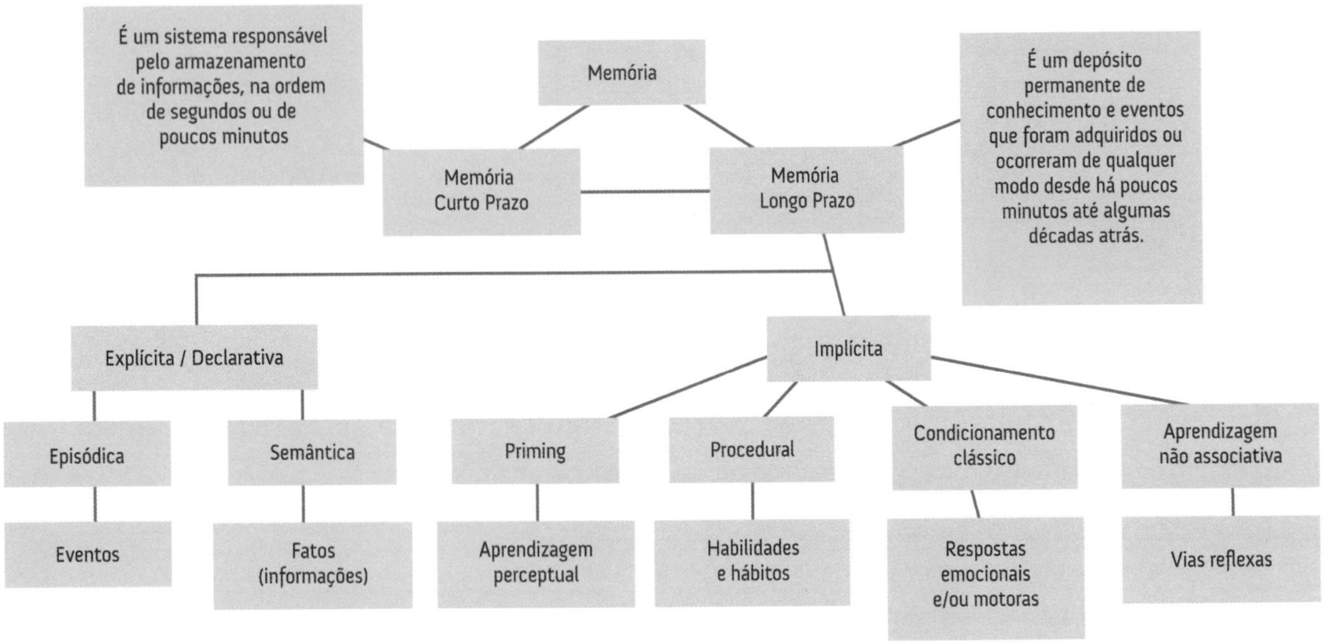

A memória de curto prazo refere-se à retenção de informações em breves intervalos de tempo (da ordem de segundos até poucos minutos). Por outro lado, a memória de longo prazo envolve a aquisição e retenção de informações por longos períodos de tempo. E esta pode ainda ser subdividida em memória declarativa, aquisição e retenção de conhecimento, e memória não declarativa, mudanças no desempenho induzidas pela experiência, incluindo habilidades aprendidas e operações cognitivas modificáveis. Logo, a memória declarativa ou explícita incluiria as memórias episódica e semântica. A memória semântica trata da informação do conhecimento factual do mundo, conhecimento independente do contexto, que é adquirido por meio de múltiplas repetições ou exposições a ele. Refere-se, por exemplo, ao conhecimento de significado de palavras, objetos, pessoas e conhecimentos gerais. Já a memória episódica é responsável pela aprendizagem e pelo armazenamento de informações e eventos pessoalmente vividos em um determinado tempo e espaço. É informalmente referida como memória recente. O processo de memorização envolve três estágios: codificação, armazenamento e recuperação. O estágio de codificação consiste em converter entradas sensoriais em vestígios ou traços de memória que podem ser posteriormente reativados. Armazenamento é o processo no qual as informações são mantidas para uso posterior. Finalmente, a recuperação consiste em um processo de evocação da informação codificada e armazenada (Squire, 2004; Carrilo-Mora, 2010). Importante que o reabilitador se aproprie destes conhecimentos uma vez que, ao considerá-los, pode usá-los como guias a fim de tornar qualquer tarefa e atividade enquanto uma ferramenta de avaliação cognitiva funcional.

E, por fim, a memória de procedimento ou implícita inclui habilidades (motoras, perceptuais e cognitivas), efeito de pré-ativação / *priming*, condicionamento clássico, habituação e tudo que foi aprendido, mas que só pode ser aferido através do desempenho (Squire, 1986).

A fim de agregar ferramentas clínicas ao reabilitador, antes de apresentar as estratégias aplicadas para a reabilitação da memória, serão explicitados os princípios norteadores da intervenção em RN para este domínio cognitivo, e na sequência, serão apresentadas as estratégias.

PRINCÍPIOS NORTEADORES PARA A RN EM INDIVÍDUOS COM COMPROMETIMENTO DA MEMÓRIA

Ao considerar a intervenção em RN em indivíduos com comprometimento da capacidade mnemônica, independente da causa, se decorrente de LEA ou transtornos psiquiátricos, é fundamental que o profissional tenha em mente os três princípios básicos, quais sejam: o processamento a partir do esforço, o suporte cognitivo duplo – codificação e recuperação e a aprendizagem sem erro.

Relativo ao primeiro, em alguns casos, quando uma pergunta é feita a uma pessoa, quanto mais esforço ela empreende para recuperar a resposta correta, ou seja, quanto menos pistas ou facilitações forem fornecidas, será mais benéfico. De acordo com Clare (2008), as condições de evocação com alto esforço (menos facilitações, mais esforço necessário) são mais eficazes do que as condições de baixo esforço (quando a resposta solicitada é fornecida, ou são oferecidas muitas informações) para facilitar a lembrança em pessoas com deficiência mnemônica. Desta forma, a fim de estimular um processamento elaborado e mais eficaz, haja vista a complexidade de recursos cognitivos para gerá-lo, na etapa de codificação, auxilie o indivíduo a se envolver na elaboração do item a ser lembrado na codificação, por exemplo, faça com que ele gere pistas adicionais, como (i) a categoria em que o item está ou uma pessoa que o lembre desse item; (ii) outros significados relacionados que podem ser aplicados ao item; (iii) ou pense no item em um ambiente elaborado (veja também mnemônicos, na sequência deste capítulo). Dicas autogeradas, mais pessoais e contextualizadas à demanda do paciente, são mais eficazes do que dicas geradas pelo profissional. Desta forma, o reabilitador deve sempre proporcionar o engajamento ativo do paciente, recrutando o máximo de seu processamento para facilitar a recuperação da informação. E, posteriormente, deve fornecer dicas mínimas para auxiliar na recordação, como dicas de primeira letra ou categoria. Logo, o próprio processo de buscar na memória o conteúdo alvo, já é por si só, um importante recurso terapêutico (Kelly, 2015).

O segundo princípio, parte do pressuposto que o comprometimento cognitivo pode afetar a capacidade das pessoas de usar métodos que auxiliem na codificação e, portanto, facilitem a recuperação da informação. Neste sentido, é importante considerar como as estratégias aplicadas no contexto de ensino, apresentação inicial do conteúdo a ser lembrado, podem fornecer suporte tanto na codificação quanto na recuperação, garantindo a compatibilidade das dicas nestes dois momentos (por exemplo, dicas de categoria). Assim, o reabilitador deve sempre empregar esforços em oferecer maiores recursos para a codificação do material, fazendo recorrentes evocações (ver recuperação espaçada mais adiante) e fornecer pistas para a posterior evocação. Ainda sobre a codificação, esta deve sempre ser multimodal, uma vez que a maior facilidade na recuperação do material trabalhado é alcançada ao envolver várias modalidades sensoriais durante a aprendizagem (por exemplo, fornecer pistas de som e cheiro para acompanhar a demonstração de uma sequência de ação). Como mencionado acima, quando há maior *input* sensorial, há mais redes envolvidas, que geram maior recrutamento de distintas circuitarias, aumentando o processamento da informação (Kelly, 2015), conforme as estratégias de pareamento de estímulos também descritas abaixo.

O terceiro e último princípio é o da aprendizagem sem erros (ASE). Esta, conforme Wilson (2020), é uma técnica de ensino na qual as pessoas são impedidas, na medida do possível, de cometer erros enquanto aprendem uma nova habilidade ou adquirem novas informações. Isso pode ser realizado de várias maneiras, como fornecer instruções faladas ou escritas ou orientar a pessoa em uma tarefa. O princípio é evitar erros cometidos durante o aprendizado e minimizar a possibilidade de respostas erradas. Em um estudo conduzido por Baddeley e Wilson (1994), no qual foi investigada a eficácia da ASE para facilitar a aprendizagem de novas informações em indivíduos com déficits de memória, esta técnica mostrou-se mais eficaz que a aprendizagem por tentativa e erro e essa vantagem foi maior para as pessoas com amnésia, portanto, não se deve pedir às pessoas com amnésia que adivinhem qualquer coisa. No entanto, os resultados de experimentos para responder a uma pergunta de reabilitação precisam ser aplicáveis a problemas da vida real. Assim, o próximo passo foi verificar se os princípios da ASE poderiam ser aplicados a estas dificuldades. Neste sentido, Wilson, Baddeley, Evans e Shiel (1994) conduziram uma investigação com quatro indivíduos. O primeiro experimento ensinou o reconhecimento de objetos a um homem com amnésia e agnosia; o segundo ensinou a um homem com síndrome de *Korsakoff* como programar um organizador eletrônico; o terceiro ajudou um homem que sofreu um derrame talâmico a aprender o nome das pessoas e o quarto ensinou itens de orientação a um homem com amnésia pós-traumática. Em cada caso, metade dos estímulos utilizados foi apresentada de maneira a estimular a erro e a outra metade foi na forma de ASE. Todos se beneficiaram mais quando o método da ASE foi usado.

Assim sendo, conforme as diretrizes fornecidas por Ehlhardt et al. (2008), o princípio da ASE, na reabilitação de indivíduos com dificuldades de memória, envolvem:

> (a) decompor a tarefa-alvo em etapas ou unidades pequenas e discretas;
>
> (b) fornecer modelos suficientes antes que o paciente seja solicitado a executar a tarefa-alvo;
>
> (c) incentivá-lo a evitar adivinhações;
>
> (d) fazer a correção imediata de erros;
>
> (e) instruções cuidadosamente esmaecidas. Isso contrasta com o aprendizado de tentativa e erro, em que a adivinhação é incentivada durante a aquisição.

Em conclusão, a ASE tem sido usada para ensinar várias tarefas diárias a pessoas de diferentes grupos de diagnóstico, de diferentes idades e em diferentes momentos após lesão. Portanto, esta técnica é superior ao aprendizado por tentativa de erro para pessoas com problemas graves de memória. E, por fim, é importante frisar que a razão pela qual a ASE funciona é provavelmente porque, para nos beneficiarmos de nossos erros, precisamos ser capazes de lembrá-los (Wilson, 2020). Page et al. (2006) ressaltam que a ASE é dependente da memória implícita e esse sistema não é bom na eliminação de erros, uma vez que esta é uma atribuição da memória episódica, frequentemente prejudicada. Portanto, se as pessoas que dependem do funcionamento implícito da memória responderem incorretamente, essa resposta poderá ser fortalecida.

Diante do acima exposto, o reabilitador deve sempre ressaltar para seu paciente quando ele não tiver certeza de uma resposta, ele deve dizer "Não tenho certeza" ou simplesmente não responda. Quando isso ocorrer, o profissional deve fornecer imediatamente à pessoa uma dica ou sugestão para ajudá-la a lembrar a resposta correta, cujas dicas já foram ativamente trabalhadas nas etapas de codificação prévias.

ESTRATÉGIAS PARA A REABILITAÇÃO DE INDIVÍDUOS COM COMPROMETIMENTO DE MEMÓRIA

As estratégias para a reabilitação de pessoas com dificuldades de memória, se dividem em estratégias de treino cognitivo e estratégias compensatórias, que, por sua vez, se ramificam em diferentes abordagens. Todo o panorama das estratégias de intervenção está explicitado na figura 2, abaixo. Na literatura da área, há uma série de propostas de segmentação das estratégias aplicadas para a reabilitação da memória, entretanto, considerando o caráter eminentemente clínico e pragmático deste manual, foi, a partir de Wilson (1996), Sohlberg & Mateer (2001) e Hampstead et al (2014), proposta a taxonomia aqui apresentada com as estratégias de intervenção. Ressalta-se, mais uma vez, que a divisão aqui apresentada é meramente didática, e que na prática clínica, há sempre a sobreposição das técnicas para a intervenção em RN.

Figura 2 – As Estratégias de RN da Memória

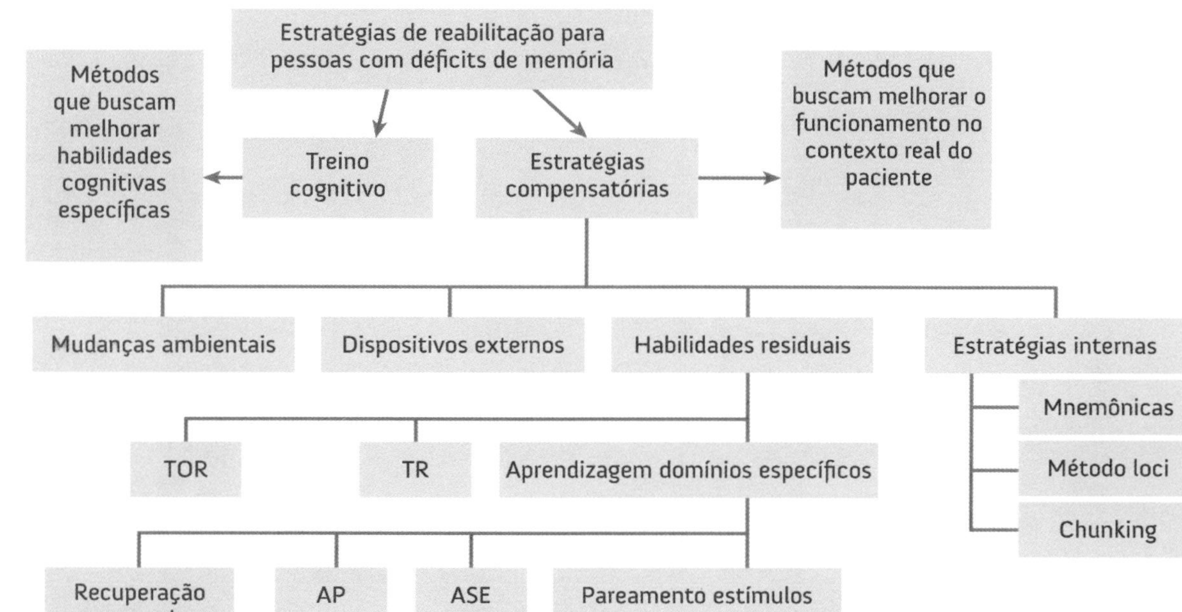

Legandas: TOR (Terapia de orientação para a realidade), TR (Terapia de reminiscência), AP (Apagamento de pistas) e ASE (Aprendizagem sem erros)

A fim de facilitar a apreensão do conteúdo aqui apresentado, as estratégias serão apresentadas conforme as divisões acima.

1. ESTRATÉGIAS DE TREINO COGNITIVO

Conforme explicitado na figura 2, a suposição por trás do treinamento cognitivo é que a capacidade cognitiva geral de uma pessoa pode ser aprimorada praticando tarefas cognitivas ou atividades intelectualmente exigentes (Sala & Gobet, 2017). Conforme estes autores, é importante ressaltar que os estudos publicados até então fornecem resultados contraditórios e as revisões sistemáticas trazem conclusões inconsistentes. Mas, em linhas gerais, as abordagens de treinamento não melhoraram o desempenho na habilidade cognitiva. Na melhor das hipóteses, há uma otimização no desempenho em tarefas semelhantes às treinadas, ou seja, a avaliação da eficácia foi realizada em um contexto de "*near transfer*", logo, foi usada uma habilidade muito próxima da treinada, ambas descontextualizadas, ou seja, com demandas pouco relacionadas com as necessidades da vida real (Cicerone, 2016).

Sabe-se que a aquisição de habilidades, de uma forma geral, é amplamente baseada em conhecimento perceptivo e conceitual específicos do domínio alvo, ou seja, para aprender a fazer algo, é fundamental fazer este algo (Gobet, 2016; Sala & Gobet, 2017). Devido a essa especificidade, a generalização de tal conhecimento em diferentes domínios, também chamado de "*far transfer*", raramente ocorre com o treinamento cognitivo. De modo geral, a crítica que se faz sobre esta abordagem é que as habilidades treinadas não se generalizam para outras atividades, de forma que o uso do treinamento cognitivo tem eficiência muito restrita na melhora do desempenho dos pacientes em atividades do dia a dia. Tal fato vai na contramão da proposta da RN, cujo objetivo maior é o ganho na funcionalidade para o desempenho das atividades relevantes às ocupações do paciente. Logo, atuar em RN pressupõe realizar atividades, tarefas com validade ecológica, ou seja, o reabilitador deve sempre tornar explícita a relação entre as estratégias empregadas e as compensações e a funcionalidade requeridas nas demandas da vida real do paciente (Cicerone, 2016).

Desta forma, uma possibilidade neste caso é o emprego das abordagens de treino cognitivo de uma forma mais funcional, contextualizada, como por exemplo, treinando-se um conteúdo ou tarefa que faça parte do dia a dia do paciente (Bottino et al., 2002). Assim sendo, tendo em vista as dificuldades de memória, ao invés de solicitar que o paciente memorize uma lista de palavras aleatórias, esperando-se que esta função melhore, pode-se treinar para que ele aprenda informações relevantes, como o nome de pessoas próximas, usando outras estratégias sobrepostas, conforme descrito abaixo. Haja vista o acima exposto, o emprego de treino cognitivo, no contexto da RN, deve envolver tarefas ligadas a déficits individuais específicos, além de ser realizado dentro do próprio contexto em que a habilidade será posteriormente utilizada.

2. ESTRATÉGIAS COMPENSATÓRIAS

Este grupo de estratégias tem como ênfase maior a funcionalidade, assim, o objetivo é permitir que o paciente realize atividades que dependam das funções cognitivas comprometidas, mas de uma forma diferente, encontrando um auxílio ou nova maneira de execução. O mote maior é fazer com que o indivíduo ganhe o máximo de independência que sua condição de saúde permitir (Clare, 2003).

As estratégias compensatórias dividem-se, portanto, em aquelas com o foco em contornar ou evitar áreas problemáticas, alterando ou reestruturando o ambiente, o emprego de dispositivos externos, visando a adaptação funcional ou procura de outras maneiras de atingir um objetivo, e as que objetivam o uso mais eficiente de habilidades residuais. Estas últimas, por sua vez, se dividem em Terapia de Orientação para a Realidade (TOR), Terapia de Reminiscência (TR) e as técnicas para aprendizado de domínios específicos do conhecimento. Por fim, estas abarcam as técnicas de aprendizagem sem erro (ASE), recuperação espaçada (RE), apagamento de pistas (AP) e pareamento de estímulos. O último grupo, refere-se às estratégias internas, que englobam as mnemônicas, o Método Loci e o *Chunking*. Cada uma das suprareferenciadas estratégias serão pormenorizadamente apresentadas, seguidas de exemplos clínicos, e por fim, serão descritas intervenções específicas, considerando-se as queixas mais frequentes de pessoas com déficits de memória.

2.1 Contornar ou evitar áreas problemáticas, alterando ou reestruturando o ambiente

De acordo com Wilson (1996), o objetivo maior do emprego destas técnicas é a adaptação do ambiente, visando a redução dos requerimentos cognitivos para a realização da tarefa-alvo. Logo, rótulos, etiquetas, qualquer coisa que torne os ambientes domésticos mais seguros para pessoas com demência, são exemplos (Holden & Woods, 1982; Moffat, 1989) de adaptações ambientais.

Desta forma, estas adaptações envolvem a estruturação do ambiente para que pessoas com deficiência de memória, ou outra qualquer, possam funcionar em seus contextos sem depender da função cognitiva prejudicada, conforme os casos brevemente descritos abaixo. O primeiro de uma paciente idosa, com quadro importante de apraxia ideatória resultante de um extenso acidente vascular encefálico (AVE) em regiões fronto-parietais à esquerda, e o segundo, de outra idosa em fase moderada de provável demência de Alzheimer (DA).

Caso 1

Helena (nome fictício), 79 anos, encaminhada para a Terapia Ocupacional para a realização da reabilitação neuropsicológica, devido a importantes comprometimentos no desempenho de suas ocupações, principalmente, relativas às tarefas de atividades de vida diárias (AVD´s). O apráxico apresenta dificuldade em realizar movimentos ao comando verbal e atos de mímica, mas, em alguns casos, pode executar os mesmos movimentos de modo adequado com iniciações automáticas (Vaz et al., 1999). Embasado neste pressuposto, dentre as várias intervenções propostas, considerando as estratégias de contornar ou evitar áreas problemáticas, alterando ou reestruturando o ambiente, foi proposto o uso do quadro abaixo. Este foi construído com a idosa, ao longo de três sessões de intervenção, e a segmentação da atividade de escovação dentária foi feita no próprio contexto da atividade em si, com a facilitação via estratégias de pareamento de estímulos (visual e verbal). A partir de então, a escovação dentária foi dividida, pela idosa com a facilitação da terapeuta, em 8 passos, conforme figura 3. Atendendo ao propósito destas estratégias, a partir da disposição deste quadro no banheiro da idosa, houve a diminuição dos requerimentos cognitivos para a realização da escovação dentária, ou seja, diminuição da demanda práxica para a execução da tarefa, com o estímulo de iniciação da atividade sendo impulsionado pela via visual. Via esta construída de forma totalmente personalizada, viabilizando a identificação com o estímulo e o sucesso terapêutico da intervenção adotada.

Figura 3 – Exemplo de Recurso de Intervenção, para Contornar ou Evitar Áreas Problemáticas, Adaptando o Ambiente, para Paciente Idosa com Quadro de Apraxia Ideatória, pós-AVE

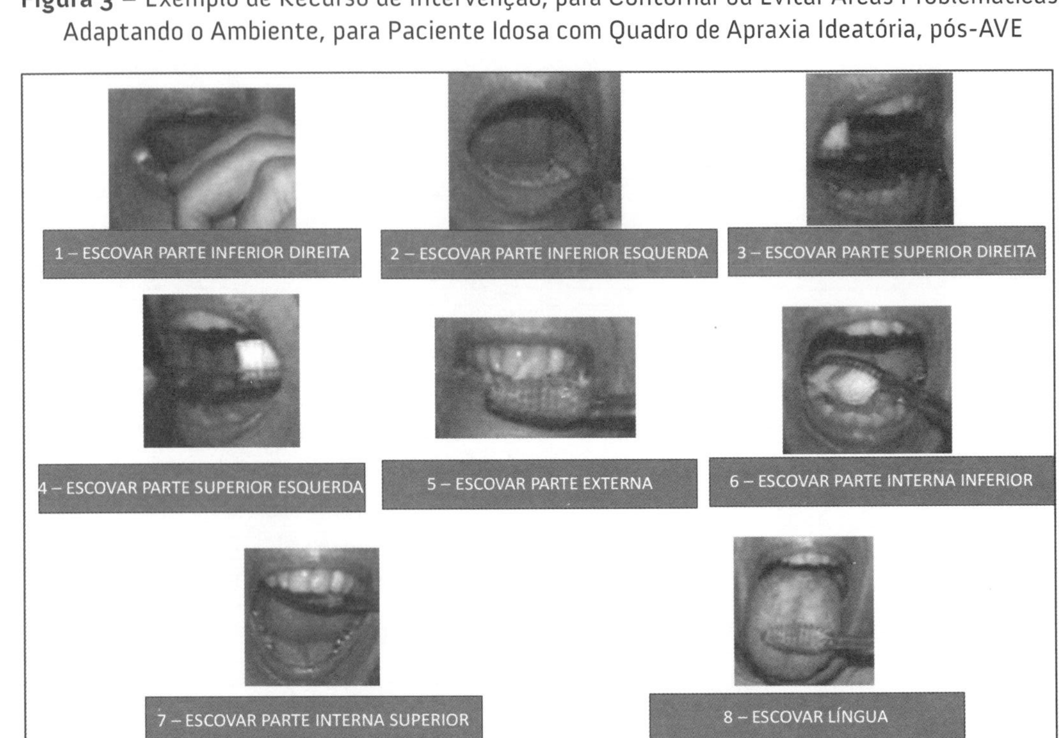

Caso 2

Maria (nome fictício), 82 anos, em estágio moderado de provável DA, encaminhada para Terapia Ocupacional por sua geriatra, com fins à implementação de um programa de RN devido ao vasto comprometimento funcional. Uma das queixas tanto da família, quanto da idosa e cuidadora, eram os episódios constantes de incontinência urinária que impactavam diretamente na participação em atividades sociais, de extrema relevância no histórico ocupacional da idosa. A partir da avaliação funcional, de forma resumida, constatou-se que tais episódios eram decorrentes de uma incapacidade da idosa em verbalizar seu incômodo e sua necessidade expressa de utilizar o sanitário. Assim sendo, após todo o processo de psicoeducação com a família e cuidadora, foi orientada uma observação acurada do comportamento da idosa, antes da ocorrência da incontinência a fim de detectar possíveis sinais. Ambos, filho e cuidadora, relataram que observaram uma maior agitação motora e uma "inquietude" (sic) que precediam a incontinência. Desta forma, foi-lhes orientado para que assim que observassem mínimas alterações neste sentido, que mostrassem à idosa um cartão construído com as fotos da sua residência, de múltiplo ambientes, para que ao vê-los ela pudesse apontar a sua necessidade. A cuidadora e filho foram instruídos a levar este dispositivo para onde fossem, uma vez que além das fotos do banheiro, ele continha imagens de espaços, objetos de importância para a idosa, e a auxiliavam na comunicação em distintos contextos, com diferentes pessoas. Dentre as imagens disponibilizadas, estavam as mostradas abaixo, figura 4. E sempre que as via, ela apontava a figura do banheiro, do seu banheiro, ressaltando mais uma vez a relevância da personalização e representatividade dos estímulos a serem usados na RN, e a partir do emprego deste recurso, não mais ocorreram episódios de incontinência. Como no caso 1, o raciocínio aplicado aqui tem a mesma fundamentação da redução dos requerimentos cognitivos do ambiente, através da reestruturação do ambiente para o desempenho da mesma atividade, e neste também a via prioritária de entrada da informação foi a visual, considerando a dificuldade da idosa com a via verbal.

Figura 4 – Exemplo de Recurso de Intervenção, para Contornar ou Evitar Áreas Problemáticas, Adaptando o Ambiente, para Paciente Idosa com Quadro Provável de DA.

EU QUERO ...

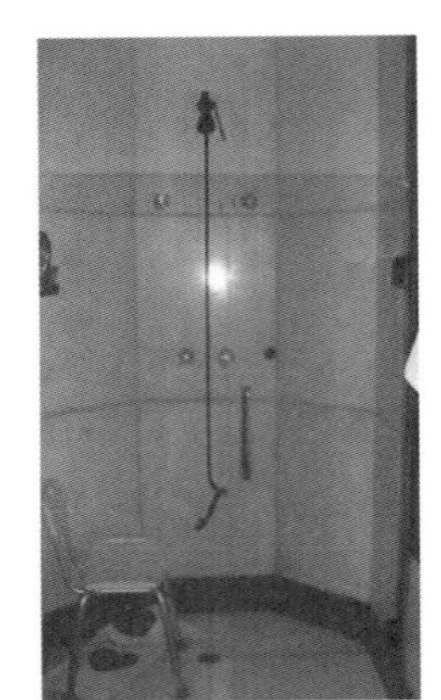

TOMAR BANHO

2.2. Uso de dispositivos externos

O emprego de dispositivos externos tem como princípio a adaptação funcional ou busca de outras maneiras de atingir um objetivo. Tais dispositivos auxiliam as pessoas com prejuízos cognitivos a manterem a realização de suas ações intentadas, uma vez que eles compensam os déficits cognitivos seja por reduzir a demanda cognitiva, ou por modificar a tarefa ou o ambiente no sentido de atender as necessidades dos indivíduos.

Os benefícios do emprego dos dispositivos são inúmeros e consistentemente descritos na literatura. Eles auxiliam na integralização das atividades funcionais no dia a dia do paciente, reduzem o estresse do cuidador ao auxiliar os pacientes a serem mais independentes, ver Sohlberg et al. (2005) e Massimi et al. (2008) como exemplos.

Entretanto uma variável de êxito no emprego destes dispositivos, é o treinamento no uso destes. Conforme Wilson (1996), pessoas com déficits de memória apresentam dificuldades com o uso de dispositivos externos, uma vez que se esquecem de usá-los, ou não conseguem programá-los, ou os utilizam de uma maneira não sistemática, ou ficam perdidas no que se refere ao seu uso. Logo, o preditor de sucesso no longo prazo com o uso do dispositivo é também a seleção criteriosa deste. A literatura que traz informações sobre a tecnologia assistiva descreve uma ampla variedade de dispositivos, que variam desde os de alta tecnologia, que visam compensar as dificuldades cognitivas em múltiplos ambientes e em tarefas distintas até os de baixa tecnologia delineados para um contexto específico. Sohlberg & Turkstra (2011) propõem cinco características-chave usadas para descrever os dispositivos externos. A primeira é a complexidade, que se refere às demandas cognitivas envolvidas no uso do dispositivo. Logo, dispositivos com alta complexidade requerem mais etapas e mais conhecimento técnico para serem manejados, por exemplo, o IPhone que requer uma interface prévia com o sistema IOS. A segunda é a natureza da tarefa-alvo, uma vez que ferramentas podem ser multifuncionais e, portanto, aplicáveis em diferentes contextos e atividades, bem como podem ser específicas. Um *Smartphone* pode ser utilizado para agendar compromissos, despertar com mensagens e lembretes programados, enquanto também podemos usar um cronograma construído com o paciente, com uma demanda específica de orientação temporal, conforme figura 5. Este cronograma diário de atividades, foi construído como resultado de uma sessão de RN, com um idoso em estágio inicial de DA. Para sua maior organização, ele demandava a segmentação do dia por turnos, considerando as tarefas realizadas e seus compromissos. Ao lado, ele mesmo apontou como relevante colocar um espaço para que ele pudesse registrar seus comentários. Desta forma, sua agenda era um fichário, composto por várias folhas como esta. Como era do seu interesse pessoal, pela manhã, como atividade de lazer, ele costumava jogar o *Free Cell*, fazer as suas palavras cruzadas e sudoku, hábitos que já o acompanhavam há mais de duas décadas.

Figura 5 – Exemplo de Cronograma Construído com um Paciente Idoso, em Estágio Inicial de Provável DA, Conforme as suas Necessidades de Gestão da Rotina e Organização das Tarefas

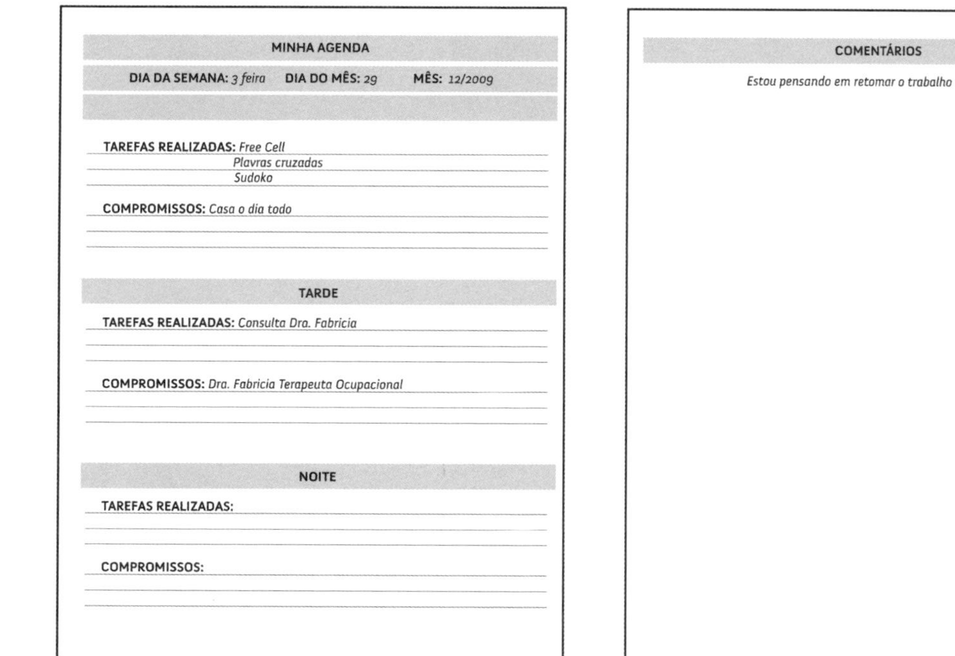

MINHA AGENDA

DIA DA SEMANA: *3 feira* **DIA DO MÊS:** *29* **MÊS:** *12/2009*

TAREFAS REALIZADAS: *Free Cell*
Plavras cruzadas
Sudoko

COMPROMISSOS: *Casa o dia todo*

TARDE

TAREFAS REALIZADAS: *Consulta Dra. Fabricia*

COMPROMISSOS: *Dra. Fabricia Terapeuta Ocupacional*

NOITE

TAREFAS REALIZADAS:

COMPROMISSOS:

COMENTÁRIOS

Estou pensando em retomar o trabalho no escritótio.

A terceira característica é concernente ao tipo de dificuldade cognitiva. Por exemplo, um relógio programado com despertadores de hora em hora para o indivíduo checar o seu desempenho em uma tarefa, pode ser usado por alguém com dificuldades atencionais, enquanto uma pessoa com déficits na memória prospectiva utilizaria o mesmo relógio, mas com lembretes do compromisso que está por vir. A quarta diz respeito à população-alvo. Há dispositivos delineados especialmente para idosos com comprometimentos cognitivos, enquanto há outros dispositivos convencionais que podem ser adaptados para indivíduos com déficits cognitivos. E, por fim, há que se considerar a disponibilidade das ferramentas, se são comercializadas ou não, se serão construídas ou adaptadas pelo terapeuta. Mas vale ressaltar que o padrão ouro é que qualquer dispositivo externo, prescrito em um programa de RN, atenda às demandas funcionais do paciente, seja representativo em seu histórico ocupacional (por exemplo, um indivíduo que já tenha experiência anterior em usar agenda, terá mais sucesso em usar este dispositivo para lidar com as suas dificuldades de memória, pós um AVE, quando comparado a outro indivíduo que não teve esta experiência prévia), e que o indivíduo passe por um período de treinamento no uso deste em suas atividades cotidianas e que o reabilitador trabalhe com ele a usabilidade ao longo do tempo, e a generalização ativa, considerando seus ambientes domésticos e comunitários (Lopresti et al., 2004).

2.3. Uso mais Eficiente de Habilidades Residuais

2.3.1. Terapia de Orientação para a Realidade (TOR)

A TOR foi descrita pela primeira vez por Folsom (1966) como uma técnica para melhorar a qualidade de vida de idosos com confusão mental, embora suas origens residam na tentativa de reabilitar veteranos de guerra gravemente perturbados. Ela tem como princípio apresentar dados de realidade ao paciente de forma organizada e contínua, criando estímulos ambientais que facilitem a orientação e levando em conta que a realidade não consiste apenas em orientação temporal (Vaisman et al., 1997). O emprego da TOR visa engajar o indivíduo em interações sociais e melhorar a comunicação através de informação contínua, sinalizações personalizadas, amparadas por estímulos ambientais de orientação espacial e temporal, por exemplo, informações sobre tempo, lugar, relacionadas à pessoa, datas comemorativas, eventos importantes na rotina. Vários estudos já demonstraram que pacientes submetidos a TOR apresentaram melhora significativa na orientação verbal, na atenção e interesse no ambiente e no desempenho em escalas de interação social e funcionamento intelectual (Burton, 1982), e outros trabalhos descreveram como ganhos resultantes da aplicação desta técnica a melhora inclusive para aprendizado de novas informações (Zanetti et al., 1995).

De acordo com Spector (2000), ao proporcionar ao indivíduo uma maior compreensão do que o cerca, tem-se como resultado um melhor senso de controle e autoestima. Ainda conforme o autor, a TOR pode ser apresentada de duas formas, a de 24 horas contínuas, em que a equipe de uma instituição ou família / cuidadores orientam os pacientes para a realidade em todos os momentos, e a forma Classes de TOR em 30 minutos, onde grupos de indivíduos se reúnem regularmente para se envolver em atividades relacionadas à orientação. Ambas visam orientar o indivíduo no tempo e no espaço, relembrando com o mesmo, através de pistas e auxílios externos, o dia, mês, o ano, e os eventos relevantes para ele, por exemplo, *neste domingo meus netos virão tomar café comigo, e devo preparar a broa de fubá.*

Como já ressaltado no item 2.2, em relação aos dispositivos externos, várias são as possibilidades de estímulos que podem ser empregados para a TOR, desde materiais prontos que podem ser adaptados à demanda do paciente, até aqueles que podem ser construídos, com uma complexidade menor, mas que atenda a necessidade funcional, veja exemplos na figura 6.

Figura 6 – Exemplos de Recursos para a Realização da TOR. Na Esquerda, um Calendário Feito sob Encomenda para as Necessidades de uma Paciente e, na Direita, um Construído com Outro Paciente.

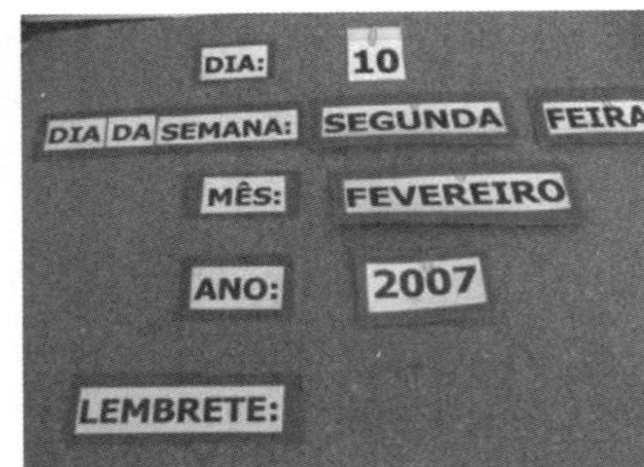

2.3.2. Terapia de Reminiscência (TR)

A terapia de reminiscência, que é uma variação da TOR, tem como objetivo estimular o resgate de informações por meio de materiais de contexto autobiográfico, figuras, fotos, músicas, jogos e outros estímulos relacionados à juventude dos pacientes, além das próprias histórias remotas que fazem parte do acervo mnemônico preservado do paciente (Da Silva et al., 2011). Essa técnica tem sido muito utilizada para resgatar emoções vividas previamente, gerando maior sociabilização e entretenimento como parte da terapia (Fraser, 1992).

De acordo com Latha et al. (2014), reminiscência é um processo de fluxo livre de pensar ou falar sobre as experiências de alguém, a fim de refletir e recapturar eventos significativos de uma vida. A revisão desta oferece uma chance de reexaminá-la, buscar memórias remotas, relembrar eventos e realizações passadas o que auxiliam a alcançar a validação pessoal. Aşiret e Kapucu (2015) conduziram um estudo, com delineamento experimental, a fim de investigar o efeito da terapia de reminiscência na cognição, depressão, atividades de vida diária de pacientes institucionalizados com DA leve e moderado. Na comparação pré e pós intervenção, houve um aumento na pontuação média na medida cognitiva utilizada, e a diminuição na pontuação média na Escala de Depressão Geriátrica dos indivíduos no grupo de intervenção em comparação com o grupo controle, havendo significância estatística ($p < 0,05$), nos resultados.

Em linhas gerais, ao utilizar esta estratégia na RN, há o ganho de estimular os pensamentos e memórias através destes estímulos autobiográficos, o que permite ao indivíduo a vivência de uma sensação de continuidade à "vida lembrada". No final, isso se torna uma experiência gratificante e fortalece as relações, principalmente entre cuidadores e assistidos. Rever nossas vidas e contar nossas histórias nos deixa com uma sensação de contentamento com a vida e realmente conecta nosso passado ao presente e uma geração à outra. A reminiscência passou a ser vista como uma atividade benéfica e potencialmente terapêutica para pessoas de todas as idades. No entanto, há uma necessidade de mais estudos que investiguem a eficácia, bem como a manutenção dos ganhos advindos da TR, a longo prazo (Latha et al., 2014).

2.3.3. Aprendizagem de Domínios Específicos do Conhecimento

Estas estratégias englobam as técnicas de aprendizagem sem erro (ASE), recuperação espaçada (RE), apagamento de pistas (AP) e pareamento de estímulos. Em relação a ASE, menção já foi realizada no início deste capítulo, uma vez ser esta técnica um dos princípios norteadores para a RN de indivíduos com comprometimento de memória. Logo ela será apresentada em conjunto com as demais estratégias nos casos clínicos, doravante caracterizados. Na clínica da RN, todas as técnicas são usadas de forma integrada, até porque são também complementares. Desta forma, a apresentação das mesmas será feita de forma segmentada, mas na exposição dos casos clínicos, aqui descritos com fins ilustrativos e de enriquecimento clínico, haverá a sobreposição de algumas ou até muitas delas.

Recuperação Espaçada (RE)

A recuperação espaçada (RE) ou ensaio expandido, como também é conhecida, é um método desenvolvido a partir do trabalho de Landauer e Bjork (1978). É mais frequentemente empregado para ensinar um novo nome, número de telefone ou endereço curto, associações de face e nome, nome de objetos, memória para localização de objetos e atribuições de memórias prospectivas (Clare, 2008; Wilson, 2020). O material a ser lembrado é apresentado e testado imediatamente. Desta forma, as tentativas de teste são espaçadas em intervalos de expansão gradual. Por exemplo, mostre uma imagem de um rosto junto com um nome - em seguida, mostre a imagem e peça ao indivíduo para lembrar o nome após um número de intervalos definidos (por exemplo, 5 segundos, 10 segundos, 30 segundos, 1 minuto, 2 minutos, 5 minutos). Se uma resposta correta for fornecida, o intervalo é expandido. Caso contrário, a resposta correta é ensaiada, o indivíduo é solicitado a repetir a resposta correta - e o intervalo é encurtado para o intervalo anterior onde ocorreu a recordação bem-sucedida (Buchanan et al., 2011). O objetivo é alcançado quando as informações são recuperadas com sucesso em um intervalo expandido.

O embasamento desta técnica é o fato da maioria das pessoas terem um sistema de memória imediata normal ou quase normal (Wilson, 2020). Com a expansão paulatina do intervalo, como exemplificado acima, proporcionalmente, o intervalo de retenção é também aumentado gradualmente. Ao tentar aprender algo, as pessoas aprendem melhor quando as ocasiões de aprendizado se distribuem por um período de tempo, em vez de se apresentarem de forma maciça. De acordo com Baddeley & Longman (1978), a RE funciona porque a prática distribuída é melhor do que a prática maciça, entretanto sua eficácia é ainda maior quando combinada com a técnica ASE, conforme demonstrado no caso clínico descrito abaixo. Vários são os estudos que investigaram a aplicação da RE em pessoas com demência (Camp et al., 1996). Ver Hopper et al. (2005) e Sohlberg et al. (2005).

Concernente às diretrizes para os reabilitadores, na aplicação desta técnica, Brush e Camp (1998), fornecem as seguintes, explicitadas a seguir:

- Mantenha o contato visual sempre.
- Monitore seu tom de voz e linguagem corporal para sempre transmitir uma atitude e mensagens positivas.
- Se a tarefa de RE perturbar o cliente, PARE.
- Essa experiência deve ser divertida e gratificante.
- O indivíduo deve esperar participar com você.
- O aprendizado deve ser relativamente fácil, pois se baseia na memória implícita.

E, sempre, as sessões devem ocorrer dentro de um contexto que proporcione interação social, como em uma conversa casual. A fim de auxiliar a aplicação prática da RE, sugere-se utilizar o formulário abaixo, Figura 7, adaptado de Brush & Camp (1998).

FIGURA 7 – Formulário para o Emprego da Técnica de RE

NOME DO PACIENTE:____DATA:____________________

INFORMAÇÃO QUE O PACIENTE ESTÁ APRENDENDO:____

TEMPO MAIS LONGO ENTRE AS EVOCAÇÕES DE SUCESSO, ALCANÇADO NA SESSÃO ANTERIOR:____________________

HOUVE A EVOCAÇÃO DE SUCESSO, DA INFORMAÇÃO ALVO, NO INICÍO DESTE ATENDIMENTO?

( )SIM ( ) NÃO________________________________

OS NÚMEROS ABAIXO REPRESENTAM OS INTERVALOS ENTRE A EVOCAÇÃO DA INFOMAÇÃO. ASSINALE O TEMPO DE INTERVALO ALCANÇADO E INDIQUE SE A EVOCAÇÃO FOI CORRETA OU NÃO, MARCANDO COM UM SINAL POSITIVO (+) OU NEGATIVO (-), AO FINAL DE CADA LINHA

INTERVALOS TEMPORAIS ENTRE A EVOCAÇÃO																					STATUS
5S	10S	30S	1M	2M	5M	6M	8M	10M	12M	14M	15M	16M	18M	20M	22M	24M	25M	26M	28M	32M	
5S	10S	30S	1M	2M	5M	6M	8M	10M	12M	14M	15M	16M	18M	20M	22M	24M	25M	26M	28M	32M	
5S	10S	30S	1M	2M	5M	6M	8M	10M	12M	14M	15M	16M	18M	20M	22M	24M	25M	26M	28M	32M	
5S	10S	30S	1M	2M	5M	6M	8M	10M	12M	14M	15M	16M	18M	20M	22M	24M	25M	26M	28M	32M	
5S	10S	30S	1M	2M	5M	6M	8M	10M	12M	14M	15M	16M	18M	20M	22M	24M	25M	26M	28M	32M	
5S	10S	30S	1M	2M	5M	6M	8M	10M	12M	14M	15M	16M	18M	20M	22M	24M	25M	26M	28M	32M	
5S	10S	30S	1M	2M	5M	6M	8M	10M	12M	14M	15M	16M	18M	20M	22M	24M	25M	26M	28M	32M	
5S	10S	30S	1M	2M	5M	6M	8M	10M	12M	14M	15M	16M	18M	20M	22M	24M	25M	26M	28M	32M	
5S	10S	30S	1M	2M	5M	6M	8M	10M	12M	14M	15M	16M	18M	20M	22M	24M	25M	26M	28M	32M	
5S	10S	30S	1M	2M	5M	6M	8M	10M	12M	14M	15M	16M	18M	20M	22M	24M	25M	26M	28M	32M	
5S	10S	30S	1M	2M	5M	6M	8M	10M	12M	14M	15M	16M	18M	20M	22M	24M	25M	26M	28M	32M	
5S	10S	30S	1M	2M	5M	6M	8M	10M	12M	14M	15M	16M	18M	20M	22M	24M	25M	26M	28M	32M	
5S	10S	30S	1M	2M	5M	6M	8M	10M	12M	14M	15M	16M	18M	20M	22M	24M	25M	26M	28M	32M	
5S	10S	30S	1M	2M	5M	6M	8M	10M	12M	14M	15M	16M	18M	20M	22M	24M	25M	26M	28M	32M	
5S	10S	30S	1M	2M	5M	6M	8M	10M	12M	14M	15M	16M	18M	20M	22M	24M	25M	26M	28M	32M	
5S	10S	30S	1M	2M	5M	6M	8M	10M	12M	14M	15M	16M	18M	20M	22M	24M	25M	26M	28M	32M	
5S	10S	30S	1M	2M	5M	6M	8M	10M	12M	14M	15M	16M	18M	20M	22M	24M	25M	26M	28M	32M	
5S	10S	30S	1M	2M	5M	6M	8M	10M	12M	14M	15M	16M	18M	20M	22M	24M	25M	26M	28M	32M	
5S	10S	30S	1M	2M	5M	6M	8M	10M	12M	14M	15M	16M	18M	20M	22M	24M	25M	26M	28M	32M	
5S	10S	30S	1M	2M	5M	6M	8M	10M	12M	14M	15M	16M	18M	20M	22M	24M	25M	26M	28M	32M	

LEGENDA S = SEGUNDOS. M= MINUTOS

METAS DA INTERVENÇÃO	STATUS ATUAL

A R E FOI APLICADA COM OUTRA TÉCNICA? ( ) NÃO ( ) SIM. QUAL? ( ) ASE

( ) OUTRA?____________________

COMO FOI FEITO O ATENDIMENTO?____________________

PROGRESSO FUNCIONAL:____________________

Caso Clínico

Maria (nome fictício), 82 anos, fase moderada de provável DA. Caso 2, descrito no item 2.1. A meta terapêutica alvo desta intervenção foi a idosa ser capaz de solicitar a sua cuidadora o que ela queria comer no seu lanche da tarde. Portanto, deveria ser capaz de escolher uma fruta, o que gostaria de beber (se leite ou suco), e o que gostaria de comer com seu pão (geleia ou queijo).

A aplicação da RE deu-se de forma combinada com a ASE, uma vez que conforme os estímulos apresentados ela não teria oportunidade alguma de errar e também com o pareamento de estímulos (ver mais adiante), sendo os visuais compostos das fotos do ambiente da idosa, sua cozinha, geladeira, e os verbais, com as etiquetas com as lacunas que deveriam ser preenchidas. A aplicação das técnicas deu-se na cozinha, assim, era solicitado que ela checasse o espaço, as frutas, os alimentos na geladeira e de forma concomitante fosse fazendo toda a verificação. Para também trazer de forma contextualizada a aplicação do formulário acima (Figura 8), a descrição de uma sessão no contexto acima explicitado, será feita a partir do emprego deste. E, na sequência, seguem as fotos dos estímulos usados para a realização deste atendimento (Figura 9).

Figura 8 – Formulário para e Emprego da Técnica de RE, no Caso

NOME DO PACIENTE: *Maria* DATA: *07/03/2020*

INFORMAÇÃO QUE O PACIENTE ESTÁ APRENDENDO: *Solicitar de forma independente a fruta, a bebida e o acompanhamento para o pão, no seu lanche da tarde.*

TEMPO MAIS LONGO ENTRE AS EVOCAÇÕES DE SUCESSO, ALCANÇADO NA SESSÃO ANTERIOR: *15 minutos*

HOUVE A EVOCAÇÃO DE SUCESSO, DA INFORMAÇÃO ALVO, NO INICÍO DESTE ATENDIMENTO?

(x)SIM ( ) NÃO *Sim, mas a cuidadora foi instruída a realizar a atividade, aplicando o procedimento adotado no atendimento de RN, conforme minha instrução. Logo, foi solicitado à idosa que escolhesse as suas opções para o lanche da tarde. Fato este que contribuiu para que a idosa evocasse suas opções com sucesso, no início deste atendimento.*

OS NÚMEROS ABAIXO REPRESENTAM OS INTERVALOS ENTRE A EVOCAÇÃO DA INFOMAÇÃO. ASSINALE O TEMPO DE INTERVALO ALCANÇADO E INDIQUE SE A EVOCAÇÃO FOI CORRETA OU NÃO, MARCANDO COM UM SINAL POSITIVO (+) OU NEGATIVO (-), AO FINAL DE CADA LINHA.

INTERVALOS TEMPORAIS ENTRE A EVOCAÇÃO																					STATUS
5S	10S	30S	1M	2M	5M	6M	8M	10M	12M	14M	15M	16M	18M	20M	22M	24M	25M	26M	28M	32M	+
5S	10S	30S	1M	2M	5M	6M	8M	10M	12M	14M	15M	16M	18M	20M	22M	24M	25M	26M	28M	32M	-
5S	10S	30S	1M	2M	5M	6M	8M	10M	12M	14M	15M	16M	18M	20M	22M	24M	25M	26M	28M	32M	+
5S	10S	30S	1M	2M	5M	6M	8M	10M	12M	14M	15M	16M	18M	20M	22M	24M	25M	26M	28M	32M	-
5S	10S	30S	1M	2M	5M	6M	8M	10M	12M	14M	15M	16M	18M	20M	22M	24M	25M	26M	28M	32M	+
5S	10S	30S	1M	2M	5M	6M	8M	10M	12M	14M	15M	16M	18M	20M	22M	24M	25M	26M	28M	32M	+
5S	10S	30S	1M	2M	5M	6M	8M	10M	12M	14M	15M	16M	18M	20M	22M	24M	25M	26M	28M	32M	+
5S	10S	30S	1M	2M	5M	6M	8M	10M	12M	14M	15M	16M	18M	20M	22M	24M	25M	26M	28M	32M	+
5S	10S	30S	1M	2M	5M	6M	8M	10M	12M	14M	15M	16M	18M	20M	22M	24M	25M	26M	28M	32M	+
5S	10S	30S	1M	2M	5M	6M	8M	10M	12M	14M	15M	16M	18M	20M	22M	24M	25M	26M	28M	32M	

LEGENDA S = SEGUNDOS. M= MINUTOS

METAS DA INTERVENÇÃO	STATUS ATUAL
A idosa deve ser capaz de, sozinha ir à cozinha, abrir a geladeira, verificar as suas opções e escolher sua fruta, bebida, e acompanhamento do seu pão para assim requisitar à cuidadora o que quer que a mesma a prepare.	*Meta parcialmente alcançada. Uma vez que ela vai até à cozinha, mas ainda precisa de facilitação e orientação da cuidadora para conseguir escolher dentre as suas opções.*

A RE FOI APLICADA COM OUTRA TÉCNICA? ( ) NÃO (X) SIM. QUAL? (X) ASE (X) OUTRA? *Pareamento de estímulos.*

COMO FOI FEITO O ATENDIMENTO? *Realizado na cozinha da paciente, em um horário próximo ao seu lanche. Previamente, para a produção do material do atendimento, foram retiradas fotos da cozinha, geladeira e alimentos. A idosa, ao longo do atendimento, foi sendo questionada com as perguntas pertinentes à meta, e antes de responder, eram-lhes apresentadas as fotos e as fichas com as lacunas para serem preenchidas. A partir do pareamento de estímulos multimodais, considerando o objeto / alimento concreto, explorando suas características, cheiro, gosto, textura, temperatura, formato, era feito o preenchimento das fichas. E, na sequência, eram realizadas as perguntas / testes, considerando os intervalos da RE.*

PROGRESSO FUNCIONAL: *Ao final deste atendimento, que antecedeu o horário do lanche, a idosa foi capaz de, independentemente, solicitar o que queria comer, assim, a meta foi alcançada com êxito após a aplicação das técnicas acima relatadas. A cuidadora acompanhou todo o atendimento, e foi, por mim, instruída a repetir todo o procedimento nos seus dias de plantão, até a nossa próxima sessão.*

Figura 9 – Os Estímulos Usados para o Atendimento Descrito Acima

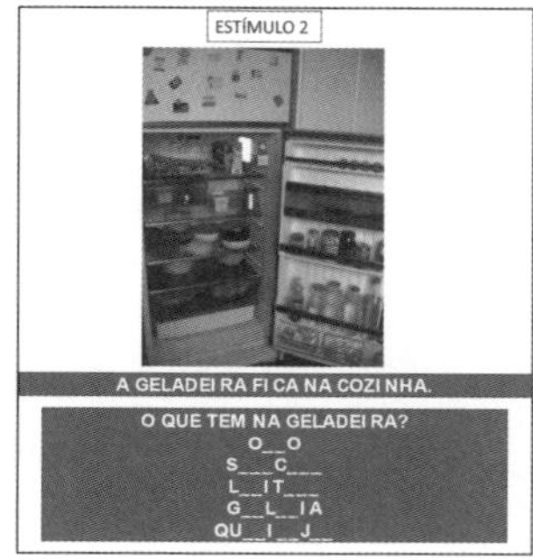

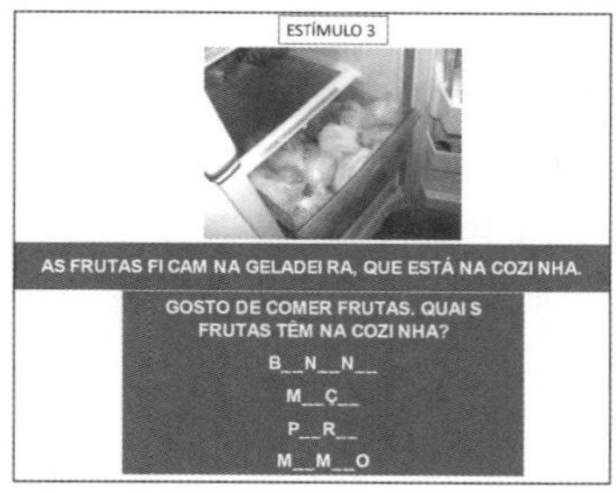

Perguntas para RE

- Aonde fica a geladeira?
- O que tem na geladeira?
- Quais frutas estão na cozinha?
- Aonde faço o lanche?
- O que quero comer no lanche?

APAGAMENTO DE PISTAS (AP)

O apagamento de pistas (AP), também uma técnica para a otimização do aprendizado, é um método pelo qual as pistas são fornecidas e depois desaparecem gradualmente (WILSON, 2020), logo o aprendizado dá-se via a retirada progressiva das pistas (Francés et al., 2003). Esta estratégia foi, inicialmente, descrita por Glisky, Schacter e Tulving (1986), e inúmeros estudos, desde então, vem relatando sucesso (Wilson, 2009). Por exemplo, Clare, Wilson, Breen e Hodges (1999) usaram a AP em combinação com a RE e ASE para ensinar um homem diagnosticado com a doença de Alzheimer, há seis anos, a lembrar-se do nome das pessoas em seu clube. Cada nome foi ensinado da seguinte maneira: ao homem, primeiro, foi mostrada uma fotografia da pessoa cujo nome ele deveria aprender e perguntado como ele poderia se lembrar de Gloria ou Caroline (ou quem quer que fosse). Para Gloria, ele disse "Gloria com o sorriso brilhante". O próximo passo envolveu o AP. Ele foi solicitado a copiar o GLORIA, depois o copiou do GLORI_ e preencheu a letra final. Ele então teve que completar as duas letras finais GLOR_ _ e assim por diante. Depois de concluir todas as letras, a RE foi empregada para garantir que o nome fosse mantido. Ele também foi convidado a não adivinhar e só se lembrar do nome se tivesse certeza; se não tivesse certeza, ele poderia virar a fotografia para ver o nome impresso no verso, seguindo, assim, o princípio da ASE. E, como resultado final, ele foi capaz de aprender todos os nomes, relevantes ao contexto do clube. Conforme Wilson (2020), o AP tem sua efetividade embasada no fato de ser também uma técnica de ASE. E, tomando-se por base tanto o exemplo descrito a partir do estudo de Clare e colaboradores (1999), como o caso de Maria, descrito na seção antecessora a esta, verifica-se o alcance da meta terapêutica via combinação, a partir do somatório de todas as estratégias.

PAREAMENTO DE ESTÍMULOS

O envolvimento de múltiplos sistemas sensoriais na aquisição da informação, comprovadamente, está associado ao aumento da evocação tardia desta (Greenberg & Powers, 1987). Neste sentido, maior facilidade para recordar de algo é observada quando o sujeito participa da atividade em si, quando comparada a situação em que apenas é um espectador. Uma possível explicação, conforme ressaltado por Bottino et al. (2002) e Butters et al. (1997), é que ao realizarmos as atividades, não há apenas o envolvimento de registros verbais e visuais, mas também há os cinestésicos e motores, que por sua vez, estão relacionados à memória de procedimento e implícita, mais preservada, por exemplo, em pacientes com provável DA. Tal pressuposto vem ainda mais a corroborar a necessidade da RN ser sempre contextualizada e funcionalmente significativa, abarcando as atividades relevantes para o paciente (Loschiavo Alvares, 2000 b). Assim, o pareamento de estímulos por exemplo, estímulos visuais e verbais, como demonstrado no caso de Maria, descrito acima, contribui sobremaneira para a evocação de informações relevantes, sendo muito empregado também para trabalhar a capacidade evocação do nome de pessoas, fazendo para tal a associação com as características físicas, conforme Byrd (1990), e usada em conjunto com o AP, ASE e RE.

2.4. ESTRATÉGIAS INTERNAS

O último grupo de estratégias de reabilitação da memória, envolvem as mnemônicas, o método *Loci* e o *Chunking*. Estas referem-se a formas de aprimorar o armazenamento, a codificação e/ou a evocação das informações aprendidas.

Mnemônicas

Estas técnicas têm papel fundamental para a retenção de informações (Kelly, 2015). A aplicação destas incluem a vinculação a imagens, histórias, poemas ou acrônimos às informações a serem lembradas. De preferência, as mnemônicas são sempre combinadas com outros métodos, como a RE, AP, ASE.

Neste sentido, as estratégias mnemônicas compreendem a categoria compensatória interna e são "ferramentas" cognitivas que facilitam a organização e associação de novas informações, proporcionando, assim, um nível mais profundo de processamento. Essas técnicas incluem processos como organização e elaboração semânticas e imagens mentais (Loschiavo Alvares & Wilson, 2020).

A natureza "interna", ou seja, cognitiva, dessas técnicas significa que o paciente pode usá-las virtualmente em qualquer lugar. Estratégias mnemônicas são consideradas, há muito, na reabilitação de pessoas com déficits de memória, decorrentes de lesão cerebral traumática (Cicerone et al., 2011). Já no campo do envelhecimento, faz-se alusão à metanálise de Verhaeghen, Marcoen & Goossens (1992), e estudos posteriores (Willis et al., 2006) que demonstraram que as técnicas mnemônicas facilitam o aprendizado e a memória em idosos saudáveis. Ao passo que os trabalhos de Hampstead et al. (2008; 2012) indicaram que o emprego destas técnicas também foi efetivo para pacientes com comprometimento cognitivo leve. Como essas estratégias envolvem vários processos cognitivos, é possível que eles possam restaurar o uso de regiões (ou redes "normais" do cérebro) e/ou envolver regiões (ou redes) compensatórias alternativas para alcançar a melhoria comportamental.

Uma possível explicação para o sucesso das mnemônicas respalda-se nos diversos processos cognitivos a elas associados, assim, ao construir as associações, há o recrutamento não só de regiões e redes neurais típicas para a tarefa-alvo, mas também, de regiões compensatórias alternativas a fim de alcançar a otimização do desempenho.

Para ilustrar, o método mnemônico pode ser usado para facilitar o aprendizado de um novo nome. Por exemplo, certa feita ao atender um paciente com déficit de memória grave pós um traumatismo craniano, para ele aprender meu nome, ele mesmo propôs a seguinte associação: "Seu o nome não é Patrícia e parece com Fábrica" (sic). E toda vez ao ter que me chamar pelo nome, ele usava a mnemônica e conseguia evocar com sucesso "Fabricia".

Método *Loci*

Esta é uma variação da mnemônica, e é um método que se baseia em relações espaciais memorizadas entre *loci* (por exemplo, locais em uma rota familiar, salas em um prédio familiar) para organizar e coletar o conteúdo da memória. O método básico usa imagens visuais para associar cada evento ou informação a serem lembrados com um dos locais. Desse modo, o material pode ser coletado simplesmente retrocedendo mentalmente a rota ao redor dos *loci* (locais em latim) e usando a imagem de cada lugar nessa jornada imaginada como uma pista. Ele foi descrito pela primeira vez em tratados retóricos romanos (Dalgleish et al., 2013; Qureshi et al., 2014). Por exemplo, em seu *De Oratore*, Cícero aconselhou que: *as pessoas que desejam treinar essa faculdade (de memória) devem selecionar lugares e formar imagens mentais das coisas que desejam lembrar e armazenar essas imagens nos lugares, de modo que a ordem dos lugares preserve a ordem das coisas, e as imagens das coisas denotarão as próprias coisas.* (Cícero, 55 BCE / 2001, pp. 351-354).

Von Restorff (1933), ressalta que quanto mais eloquente, vívida e bizarra for a imagem que liga o material ao local, mais fácil será lembrar. Da mesma forma, quanto mais emotiva for a imagem associativa, melhor será a memória para os itens (Holmes & Mathews, 2010). Este método pode ser facilmente usado para o armazenamento temporário de informações (por exemplo, uma lista de compras). No entanto, o mais relevante para sua aplicação aqui é o uso de *loci* familiares como uma estrutura para um repositório mental mais permanente para o material que alguém deseja ter fácil acesso em repetidas ocasiões futuras. Esses repositórios são comumente chamados de palácios de memória (Spence, 1984; Yates, 1966), uma vez que muitas vezes compreendem locais fictícios elaborados e bonitos que o remetente imaginou apenas para fins de armazenamento de informações.

Uma forma de aplicação na RN é a seguinte. O reabilitador solicita ao paciente que visualize sua casa, visualize-se passando por cada cômodo, escolha um local especial em cada cômodo. Assim, ele deve se imaginar colocando cada item da informação a ser guardada em cada local especial de sua casa. Deve-se então promover prática suficiente, solicitando ao paciente que repita este caminho e reveja os locais especiais. E, ao tentar lembrar dos itens, imagine-se indo de sala em sala verificando estes locais especiais.

Segue, abaixo, um roteiro para a aplicação do Método *Loci*, fazendo-se sempre a ressalva de que a técnica deve ser empregada usando sempre informações contextuais e funcionalmente relevantes a fim de atender as demandas de RN do paciente.

Roteiro para Aplicação do Método Loci

1. Decida a planta do seu palácio.

Embora um palácio da memória possa ser um lugar puramente imaginário, é mais fácil basear-se em um lugar que existe no mundo real e com o qual você está familiarizado. Um palácio básico pode ser seu quarto, por exemplo. Palácios de memória maiores podem ser baseados em sua casa, uma igreja, um caminho que você percorre com frequência até a loja da esquina, ou algum outro percurso significativo em sua cidade. Quanto maior ou mais detalhado o lugar real, mais informações você pode armazenar no espaço mental correspondente.

2. Defina uma rota.

Se você precisa se lembrar das coisas em uma certa ordem, é essencial que você siga uma rota específica pelo seu palácio, tanto no mundo real quanto em sua mente. Portanto, depois de decidir o que é o seu palácio da memória, decida como você viajará por ele. Se você realmente não precisa se lembrar das coisas em ordem, esta etapa é desnecessária, mas ainda útil, pois torna a memorização de seu palácio mais fácil.

3. Identifique locais de armazenamento específicos em seu palácio ou ao longo de sua rota.

Ao usar o palácio da memória, você colocará coisas individuais para serem lembradas (um número, um nome ou parte de um discurso que você fará, por exemplo), em locais específicos. Portanto, você precisa identificar quantos locais achar que serão necessários. Caminhe pela sua estrutura ou ao longo do seu percurso e observe-o realmente. Se o seu palácio é na verdade uma rota, como o seu caminho para o trabalho, os locais de armazenamento podem ser marcos ao longo do caminho: a casa do seu vizinho, uma esquina, um comércio, uma praça, por exemplo. Se o palácio é uma construção, você pode colocar as coisas em salas diferentes. Dentro das salas, você pode identificar locais menores, como quadros, móveis e assim por diante. O segredo é garantir que os locais escolhidos sejam distintos uns dos outros, de modo que nenhum local possa ser confundido com outro.

4. Memorize seu palácio de memória.

Para que o seu palácio da memória seja eficaz, você precisa memorizá-lo perfeitamente. A melhor maneira de fazer isso é desenhar uma planta (ou um mapa, se o palácio for uma rota) que mostre os marcos ou locais de armazenamento que você escolheu. Tente visualizar o palácio quando você não estiver lá e, em seguida, compare sua imagem mental com o mapa para ter certeza de que se lembrou de todos os locais e os colocou na ordem correta. Imagine os pontos de referência com o máximo de detalhes possível: certifique-se de que sua imagem mental inclua suas cores, tamanhos, cheiros e quaisquer outras características definidoras.

5. Coloque as coisas (informações) a serem lembradas em seu palácio.

Depois de construir seu palácio e implantá-lo firmemente em sua mente, você está pronto para usá-lo. Coloque uma quantidade gerenciável de informações em cada lugar. Por exemplo, se o seu palácio é a sua casa, e você está tentando se lembrar de um discurso, pode colocar as primeiras frases no tapete e as seguintes no buraco da fechadura da porta. Não coloque muitas informações em um só lugar e, se certas coisas devem ser mantidas separadas das outras, coloque-as em lugares diferentes. Certifique-se de colocar as coisas ao longo do seu percurso na ordem em que precisa se lembrar delas, se aplicável.

6. Use símbolos.

Você não precisa necessariamente colocar uma sequência inteira de palavras ou números em um determinado local para ser capaz de lembrá-lo, e tentar fazer isso pode ser complicado e contraproducente. Geralmente, tudo o que você precisa armazenar em cada local é algo que refresque sua memória, algo que o levará à ideia real que você está tentando lembrar. Portanto, se você está tentando se lembrar de um navio, imagine uma âncora em seu sofá. Se este tentando lembrar de sua consulta médica, imagine o seu cardiologista preparando um bolo na sua cozinha. Os símbolos são abreviações e tornam as memórias mais fáceis de administrar, mas também podem ser mais eficazes do que imaginar a coisa real que você está tentando lembrar.

7. Logo, seja criativo!

As imagens que você coloca em seu palácio devem, obviamente, ser tão memoráveis quanto possível. Geralmente, as imagens serão mais memoráveis se forem absurdas (fora do comum, como o seu médico batendo um bolo!) ou se estiverem ligadas a alguma emoção forte ou experiência pessoal. Se preciso de lembrar de comprar leite, sabão em pó e banana, você pode, neste sentido, imaginar uma poça gigantesca de leite derramada no meu sofá, a sua máquina de lavar roupas com defeito vazando água com sabão inundando a lavanderia e um macaco devorando as bananas na cozinha! Como dito acima, quanto mais bizarras e eloquentes forem os locais e associações, mais fáceis as informações serão recordadas, haja vista a interseção entre os circuitos da memória e os emocionais.

8. Abasteça seu palácio com outros mnemônicos.

Existem muitos mnemônicos mais simples que você pode usar em combinação com o palácio da memória. Como, por exemplo, estratégias de organização verbal (siglas, associação de pares, acrósticos), e elaboração semântica (relacionar as palavras-chave ou ideias em uma história). Assim, um idoso que tem dificuldades de diferenciar o pagamento ou por débito ou por crédito, via cartão de crédito, pode imaginar seu genro, chamado Davidson, sentado no carro indo com ele fazer as compras, e na hora de pagar, lembrar que o cartão não é do Davidson (**D** de débito) e sim de **Cre**dson = crédito.

9. Explore seu palácio.

Depois de ter abastecido seu palácio com imagens evocativas, você precisa percorrê-lo e olhar para elas. Quanto mais você explora o seu palácio, mais facilmente você recordará do seu conteúdo sob demanda. Em sua mente, você quer ver James Joyce, por exemplo, sentado em seu banheiro como se ele pertencesse a esse lugar e fosse realmente uma parte integrante da decoração de seu banheiro.

10. Use seu palácio.

Depois de memorizar o conteúdo de seu palácio, você pode relembrá-lo simplesmente andando mentalmente por ele ou olhando ao redor. Se precisar fazer um discurso, basta seguir sua rota para fazê-lo. Se você precisa se lembrar que o aniversário do seu marido é 14 de julho, basta ir para o seu quarto e ver a Torre Eiffel bem em cima da sua cama e imaginar ao lado, Edith Piaf cantando a sua música preferida, *La Vie en Rose*, que diretamente são vinculadas à França, e logo com sua independência, dia 14 de julho. Com a prática, você poderá começar em qualquer lugar de seu palácio ou ao longo de sua rota para relembrar uma informação específica. E as "âncoras" de memória, é claro, deverão ser construídas com as características que façam sentido para você.

11. Construa novos palácios.

Um palácio da memória pode ser reutilizado indefinidamente se você só precisar guardar coisas na memória por um curto período de tempo. Basta substituir os conteúdos existentes por novos, e você logo se lembrará apenas dos novos. Se você precisa se lembrar do conteúdo do seu palácio por muito tempo, você pode mantê-lo como está e criar novos nos quais armazenar outras informações seja possível. Se sua casa contém os números de telefone de todos que você conhece, você pode caminhar até o local de trabalho se precisar lembrar a ordem de um baralho de cartas, para jogar Buraco com sua família, como de costume, todo final de semana.

Chunking

O fenômeno de *chunking* foi inicialmente descrito por de Groot (1946, 1978) e Miller (1956), e então teorizado por Chase e Simon (1973). Conforme Gobet et al (1931), *chunk* pode ser definido como um conjunto de elementos com fortes associações uns com os outros, mas com associações fracas com elementos dentro de outros blocos. Para explicar os blocos, Miller (1956) e posteriormente Cowan (2001) usaram o mesmo exemplo. Considere que em algum contexto qualquer, quando as letras "fbiibm" são apresentadas, se conhecermos as siglas "FBI" e "IBM", então é possível simplificar as informações formando dois blocos ("FBI" e "IBM") na nossa memória operacional. Mas isso só será possível se essas siglas existirem na nossa memória de longo prazo, por exemplo, gosto muito da série "Ponto Cego" que fala sobre uma equipe do FBI, do inglês, *Federal Bureau of Investigation*, e também sei que IBM é uma empresa de informática bem conhecida. Assim sendo, as letras "f", "b", "i", "i", "b" e "m" ao invés de ocuparem 6 dígitos na minha memória operacional, serão codificadas como dois elementos, no *chunking* FBI e IBM.

Assim sendo, agrupar informações em categorias ou pequenos grupos pode ser útil quando uma pessoa precisa se lembrar de listas ou maiores quantidades de informações, uma vez que ao organizar as informações em grupos relevantes e simples significa que há menos informações para lembrar. No contexto prático da RN, pode pedir ao paciente que faça uma lista de compras dividindo os itens com base em suas localizações no supermercado, por exemplo, frutas e vegetais, laticínios, carnes, produtos secos, produtos de limpeza.

A fim de ilustrar a aplicação do *chunking* e também de outras mnemônicas, já descritas acima, será apresentado o caso abaixo.

Caso Clínico

Trata-se de Antônio (nome fictício), 75 anos, geólogo, com PhD em sua área, professor universitário aposentado, viúvo há 4 anos. Concernente ao seu histórico ocupacional e interesses, o idoso sempre gostou de viajar e aliava o seu trabalho à visitação de lugares de seu interesse, assim, conheceu vários países de todos os continentes, além de ter uma predileção por arte cubista, em especial pelas obras do pintor Georges Braque. Sempre valorizou a cultura, as artes e a história, de forma geral. Tem hábito diário da leitura, sempre usou agenda, é ativo fisicamente, atualmente, reside com sua filha, e tem um ambiente suportivo e adaptado às suas necessidades. Foi encaminhado para a Terapia Ocupacional, para o desenvolvimento da RN, devido ao extenso comprometimento da memória episódica. A filha e o idoso, extremamente consciente das suas atuais dificuldades, ressaltaram um déficit de memória recente, esquecimentos frequentes que vêm impactando a rotina de Antônio. *"Não me lembro do que li", "Não consigo me organizar para realizar as minhas atividades do dia, porque esqueço o que tenho que fazer", "Meu pai sempre teve uma memória brilhante, conseguia descrever com riqueza de detalhes os lugares que havia visitado, os livros que lia, e agora não consegue mais".* Uma das metas estabelecidas para a RN, conforme todo o processo de formulação clínica para intervenção (Loschiavo Alvares, 2020 a, Loschiavo Alvares, 2020 b), foi melhorar a sua capacidade de lembrar pelo menos 75% dos seus compromissos e das informações das suas leituras. Dentre as inúmeras atividades realizadas que foram desenvolvidas, a partir da aplicação de um *pull* de técnicas de memória, uma delas será descrita abaixo. Esta foi empregada a fim de fazê-lo experenciar o emprego do *chunking*, no contexto de angariar informações para a produção de um texto autobiográfico que ele deveria escrever sobre suas mais notáveis viagens e experiências, a pedido de um colega da universidade. Foram então, com ele e a filha, coletadas as informações que ele achava interessante descrever. Em seguida, foi preparado um material visual representativo dos lugares, elementos que ele deveria usar no seu texto, veja-o nas figuras abaixo, Figura 10.

Figura 10 – Exemplos de Alguns Estímulos, Contextualizados Conforme Demanda e Histórico Funcional do Idoso (da esquerda para direita, vê-se a porta de uma igreja em Petra, a Torre Eiffel e o Arco do Triunfo em Paris, o pintor Georges Braque, a Igreja do Carmo em Ouro Preto – MG, o quadro da Monalisa, a pirâmide de vidro do Museu do Louvre em Paris, as Pirâmides do Egito, uma Escultura Grega, Figuras Egípcias, um quadro de Georges Braques, um Templo Grego).

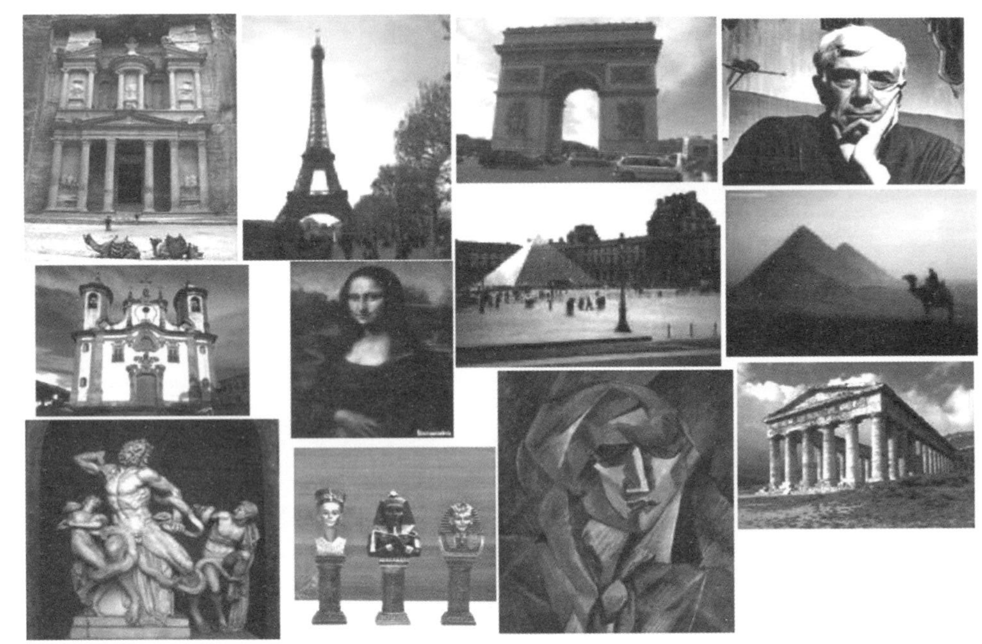

A atividade foi realizada da seguinte forma:

1. Todas as fotos foram apresentadas para o idoso, de forma aleatória.
2. Após vê-las, Antônio as nomeou, as descreveu, relatando as suas experiências pessoas relacionadas a cada uma delas, por exemplo, *"lembro-me que quando fui a primeira vez no Louvre, surpreendi-me com o tamanho do quadro da Monalisa, achei que fosse maior"*.
3. Agora, vamos associar a cada uma destas imagens, uma característica ou descrição que seja significativa para você. Ver Figura 11. Para tanto, foram usadas concomitantemente as estratégias de pareamento de estímulos e as mnemônicas.

Figura 11 – Associações Feitas pelo Idoso

NOME: ____________________
FOLHA PRONTUÁRIO NÚMERO: ____________________

FIGURA	*CARACTERÍSTICA*
1- Petra	1- Igreja onde fiz um pedido
2- *Torre Eifel*	2- *Paris*
3- *Arco do Triunfo*	3- *Paris*
4- *George Branquesl*	4- Pintor
5- *Igreja do Carmo*	5- *Ouro Preto*
6- *Monalisa*	6- *Paris*
7- *Pirâmide do Louvre*	7- *Paris*
8 - *Pirâmides*	8- *Egito*
9- *Esculturas Gregas*	9- *Paris*
10- *Figuras Egípcias*	10- *Faraós - Egito*
11- *Quadro de um Rosto*	11- *Pintor*
12- *Templo Grego*	12- *Grécia - Monumentos*

Após a construção das associações, o paciente foi orientado a criar grupos, "*chunks*", conforme a associação das informações acima. Assim sendo, como exemplo, ele criou quatro grupos: Monumentos Históricos, Pintores, Paris e Egito, figura 11. Assim, ou invés de lembrar de 14 itens, ele os organizou em quatro.

Figura 12 – *Chunking* Criado pelo Idoso, a Partir do Agrupamento das Informações Alvo

1- Monumentos Históricos	*- Igreja do Carmo e de Petra Templo Grego*
2 - Pintor	*- George Braques e quadro de um rosto*
3 - Paris	*-Torre Eifel, Arco do Triunfo, Monalisa, Pirâmides de Vidro, Esculturas gregas e Edgípicias*
4 - Egito	*- Pirâmides e figuras de Faraós*

Após a criação dos chunks, foi realizada a R.E. Nesta sessão o idoso finalizou com a evocação de todos os itens, e na sessão seguinte, através do *chunking*, foi capaz de evocar todos os itens integralmente.

APLICAÇÕES DAS ESTRATÉGIAS EM SITUAÇÕES ESPECÍFICAS

ASSOCIAÇÃO FACE – NOME

Lembrar do nome das pessoas, principalmente das recentemente conhecidas, é uma das demandas frequentes de pessoas que apresentam déficits de memória. Assim sendo, alinhada ao objetivo maior deste manual que é a apresentação das técnicas de RN, contextualizadas à clínica da intervenção, segue a descrição de um roteiro com as orientações para a realização de uma sessão destinada a recordação de nomes e rostos, adaptadas de Clare et al. (1999), Clare & Wilson (2004) e Dunn & Clare (2007).

Roteiro para a Associação Face – Nome

1. Apresente uma fotografia da pessoa a ser lembrada.
2. Discuta a fotografia e o nome. Gere mnemônicos (ou associações) que podem ser usados para auxiliar a recordação e chegue a um acordo sobre a associação mais eficaz e mais relevante para o paciente, a partir das informações que este tem em sua memória de longo prazo.

   Por exemplo: se o nome a ser lembrado for Brian - "Brian tem uma testa grande; ele deve ter um grande cérebro! O cérebro é como o Brian!" (*Brain,* em inglês, significa cérebro). Basicamente, você precisa trabalhar com o paciente para que o mesmo associe um item visual ou uma história a informação a ser lembrada. Assim, recorremos ao pareamento de estímulos (visual e verbal) e às mnemônicas.
3. Apresente a associação face-nome junto com o mnemônico e os estímulos que foram pareados.
4. Para a fase de aprendizagem, use o método de AP. Apresente os estímulos, uma linha por vez, com sugestões crescentes. Diminua as dicas até que o paciente identifique corretamente o item.

   BRIA___

   BRI_____

   BR_______

   B_________

5. Pratique o mnemônico cada vez que a resposta for identificada corretamente.
6. Fase de teste: Depois de apresentar todas as instruções acima, peça ao participante para relembrar as informações em intervalos espaçados, use a RE e como referência a roteiro disponibilizado neste manual.

   Se o participante não conseguir lembrar o item, revise o nome correto e o mnemônico e repita o intervalo. Se eles estiverem incorretos novamente, divida o intervalo pela metade. Critério de conclusão: recuperação precisa após 10 minutos.
7. Use a técnica de ASE. Peça ao participante para não adivinhar, apenas diga a resposta se ele souber o que é. Caso não saiba, incentive-o a não dizer nada ou dizer "Eu não sei". Isso reduz o número de erros que o participante comete.
8. Apenas adicione um novo item por sessão somente quando o anterior tiver sido aprendido.

ESTRATÉGIAS PARA LEMBRAR DE SEQUÊNCIAS NUMÉRICAS

Assim como supracitado, em relação aos nomes, dificuldade em lembrar de uma sequência de números, por exemplo, senhas, códigos de acesso, são também queixas frequentes. A seguir seguem as orientações específicas para este fim.

Roteiro para Lembrar de Sequência de Números

1. Apresente os números a serem lembrados em formatos verbais e escritos. Discuta o número, para que serve, com que frequência é usado, etc. Uso do pareamento de estímulos.

2. Como acima, gere mnemônicos (ou associações) que podem ser usados para auxiliar na memória e chegue a um acordo sobre a associação mais eficaz e maior sentido faça para o paciente.

   Por exemplo: Se o número a ser lembrado

   é o número do código de acesso ao meu bloco, no condomínio: 251518 – *"25 é o dia de nascimento do meu filho, 15 é o ano de nascimento do meu neto (2015) e 18 foi o ano que a 1ª Guerra Mundial acabou (1918)".*

3. Em seguida, para a fase de treinamento, apresente os estímulos, uma linha por vez, para o AP.

   25151__

   2515___

   251_____

   25______

   2_______

   Qual o seu código? __________

4. Use a técnica de ASE. Peça ao paciente para não adivinhar, apenas diga a resposta se ele souber o que é. Caso não saiba, incentive-o a não dizer nada ou dizer "Eu não sei". Isso reduz o número de erros que o participante comete.

ESTRATÉGIAS PARA OTIMIZAR A CODIFICAÇÃO, ARMAZENAMENTO E EVOCAÇÃO DO CONTEÚDO LIDO – O MÉTODO PQRST

Esta é uma técnica de estudo que pode ser útil em algumas circunstâncias específicas, como em ambientes de estudo tradicionais (por exemplo, ter que lembrar o conteúdo de um capítulo ou artigo), e em situações mais informais, tais como lembrar artigos de jornais para conversas em um ambiente social.

As letras PQRST referem-se a um acróstico, que significa:

- Preview (em português, prever) – examine as informações rapidamente. Qual o assunto? Elas são sobre o quê?
- Question (em português, perguntar) – quais perguntas você espera responder lendo este texto?
- Read (em português, ler) – leia!
- State (em português, dizer) – diga as respostas para suas perguntas.
- Test (em português, testar) – de quantas informações do artigo você se lembra?

Assim, incentive o indivíduo a ensaiar o conteúdo várias vezes para que a informação seja mantida. Use a RE, ou seja, aumente gradualmente o período de tempo antes de tentar recuperar as informações novamente. Estimule com que o paciente pratique discutindo os detalhes da história com outras pessoas e, em seguida, verifique se está correto. Como já ressaltado, empregue esta técnica usando conteúdos que sejam relevantes para o paciente, como matérias escolares, notícias de interesse e afins.

ESTRATÉGIAS PARA INTERVENÇÃO EM INDIVÍDUOS COM DÉFICITS SEMÂNTICOS

Com certa frequência, recebemos na clínica pacientes com deficiências semânticas, como as observadas na demência fronto-temporal, por exemplo (Clare, 2008). Conforme Kelly (2015), embora esta ainda seja uma área em franco desenvolvimento, com várias pesquisas sendo conduzidas, os resultados preliminares mostram que as seguintes técnicas podem ser benéficas para abordar tais dificuldades.

- Ensaio repetido simultaneamente a evocação de itens associados a estímulos visuais, mostraram melhorar a capacidade de um participante de produzir palavras anteriormente difíceis de recuperar. Porém, a prática constante era necessária (GRAHAM et al. 2001).

- Uma pesquisa recente mostrou que a prática simples e repetitiva de emparelhamento palavra-imagem em um programa de treinamento de palavras de 3 semanas melhorou significativamente a capacidade de nomear o item treinado para quatro pessoas com deficiências leves a graves no aspecto semântico (SAVAGE et al., 2013).
- A aprendizagem é mais eficaz quando:
    - o indivíduo retém algum conhecimento semântico do item, objeto ou conceito a ser aprendido;
    - é apoiada pela disponibilidade de informações contextuais temporais e espaciais relevantes para a vida diária do participante (desta forma, a aprendizagem se estende além dos rótulos verbais para o conhecimento relevante associado).
    - E sempre, quando ela é empregada usando material vinculado à experiência pessoal do paciente (SNOWDEN & NEARY, 2002).

Reilly e colaboradores (2005), demonstraram que a RN em pessoas com deficiências semânticas deve se concentrar na manutenção do vocabulário atual, em vez de reaprender o vocabulário esquecido. Para tanto, as estratégias devem sempre ser combinadas com abordagem multimodal envolvendo manipulação, nomeação e rica descrição de objetos.

Considerando o exposto, para indivíduos com dificuldades em encontrar palavras durante a conversa ou problemas com fluência verbal, pode ser benéfico praticar:

- Pares de palavras: forneça uma palavra e peça ao indivíduo para emparelhá-la com outra palavra apropriada.

- Associações de palavras: forneça uma palavra e peça ao indivíduo para identificar uma palavra relacionada ou uma palavra com o mesmo significado.
- Use apresentações repetidas e pratique através das sessões usando vários exemplos.

Para este tipo de intervenção, peça ao indivíduo e sua família para identificar palavras comuns, tipos de palavras ou categorias que ele normalmente acha difíceis. Com base nas informações fornecidas, selecione palavras relevantes para pares e associações de palavras. Praticar associações de palavras e pares de palavras específicos pode não necessariamente generalizar para a fluência de toda a fala na vida diária, mas pode fornecer confiança e prática em áreas específicas de dificuldade (Kelly, 2015).

CONSIDERAÇÕES FINAIS

Após a apresentação de todas as estratégias aplicadas para a intervenção em pacientes com problemas de memória, compreende-se o quão vasto é o panorama e quão diversos são os recursos que podemos usar para intervir. Mas, apesar de toda a diversidade, tem-se como ponto em comum que qualquer seja a estratégia eleita, ela deve SEMPRE ser aplicada de maneira funcional e congruente com as necessidades ocupacionais e contextuais do paciente.

Por fim, a título de orientar você, reabilitador, segue um fluxograma para auxiliar na escolha da estratégia a ser usada, considerando a gravidade do prejuízo de memória declarativa, o contexto onde a habilidade aprendida será empregada, e a natureza desta.

Figura 13 – Fluxograma para Auxiliar na Escolha da Estratégia de Reabilitação da Memória (Adaptado de Sohlberg & Turkstra, 2011).

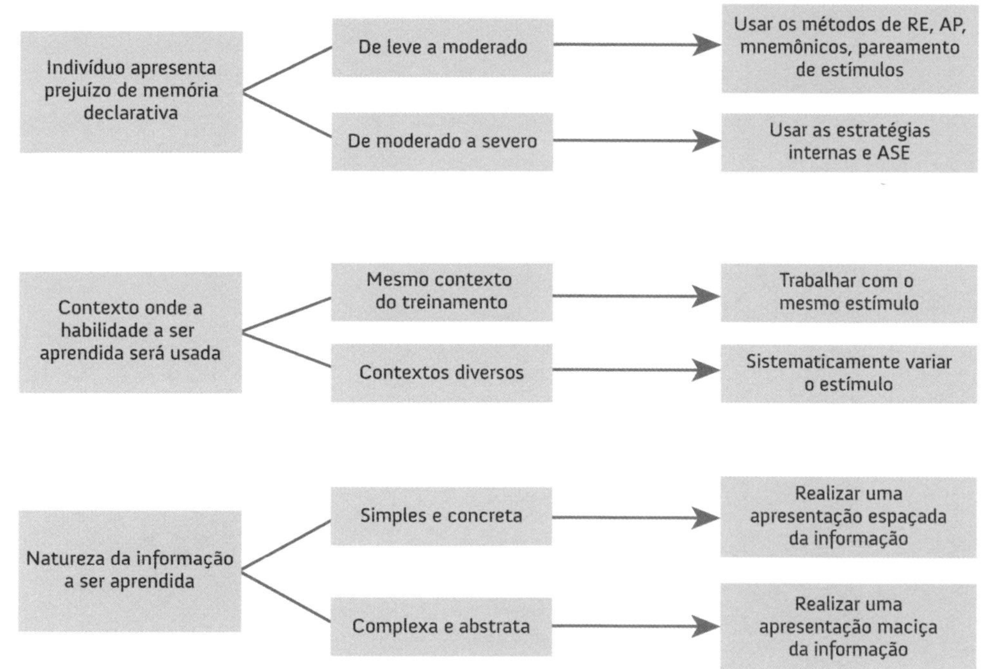

AS FUNÇÕES EXECUTIVAS E AS ESTRATÉGIAS DE INTERVENÇÃO

4

As funções executivas referem-se a um termo "guarda-chuva" e incorporam todos os processos cognitivos complexos necessários para gerenciar o comportamento humano (Hughes & Graham, 2002). Fuster (1997) refere-se às funções executivas como aquelas responsáveis por iniciar e desenvolver uma atividade com objetivo final determinado. Fazem parte de seu sistema funcional vários processos cognitivos, como: planejamento, controle inibitório, tomada de decisões, flexibilidade cognitiva, memória operacional, atenção, categorização e fluência (Piek, *et al,* 2004; Papazian et al., 2006). Tais processos irão favorecer a possibilidade de soluções para novos problemas propostos, atuando no planejamento e regulando o comportamento adaptativo, visando a obtenção de um objetivo específico (Cypel, 2007). Assim, as funções executivas são críticas para uma interação flexível com as mudanças da tarefa e/ou condições ambientais (Diamond, 2000; Fuster, 2000).

Déficits nas funções executivas ocorrem geralmente em consequência de comprometimentos nos circuitos pré-frontais, sendo a variação sintomatológica dependente de quais circuitos foram acometidos. Tais comprometimentos podem resultar de traumatismos, acidentes vasculares encefálicos ou do desenvolvimento anormal desses circuitos, como ocorre nos transtornos psiquiátricos (Garavan *et al.*, 2002; O'Driscoll *et al.*, 2005). Indivíduos com disfunção executiva tendem a apresentar dificuldades nos processos de tomada de decisões, controle de impulsos, desatenção e insensibilidade às consequências de seus comportamentos, sendo ainda, comum nestes quadros a ocorrência de problemas relativos ao comportamento motor (Diamond, 2000; Castelnau *et al*, 2007; Cantin *et al.*, 2007).

Conforme Stuss (2009), as funções executivas são divididas em quatro categorias:

- Ativação: que envolve o processo de iniciação e sustentação de qualquer modo de resposta.
- Funções cognitivas executivas: englobam o planejamento, verificação da tarefa e ajuste de comportamento.
- Funções autorreguladoras comportamentais / emocionais: necessárias em situações onde a análise cognitiva, hábito ou pistas ambientais não são suficientes para determinar a resposta mais adaptativa, quando uma tomada de decisão de alto nível é requisitada.
- Metacognição: envolve a integração de cognição e emoção, aspectos da personalidade, cognição social, consciência, teoria da mente, apreciação do humor e autoconsciência.

O comprometimento executivo, de fato, configura-se em um desafio peculiar para o processo de reabilitação. Em muitos casos, as intervenções remediativas para outras deficiências cognitivas, como já visto neste livro, enfatizam a aquisição de compensações específicas em situações controladas, que depois são aplicadas a situações ecológicas. A responsabilidade pela seleção e aplicação de estratégias compensatórias é inicialmente do terapeuta, com a suposição de que o paciente será capaz de implementar essas compensações de forma independente com a prática adequada. Em contrapartida, os sintomas disexecutivos são mais prováveis de serem evidentes quando o paciente é solicitado a assumir a responsabilidade pela aplicação de estratégias compensatórias (SHALLICE & BURGESS, 1991) ou para lidar com novas situações (GODEFREY & ROUSSEAUX, 1997), e, para agravar, eles frequentemente coexistem com o prejuízo da autoconsciência, representando uma aresta adicional para a reabilitação.

O conjunto de estratégias de reabilitação das funções executivas divide-se em quatro grupos principais de técnicas, a saber: as relacionadas ao controle ambiental, ao treinamento de rotinas específicas das tarefas e de seleção e a execução dos planos cognitivos e as estratégias autoinstrucionais (SOHLBERG & MATEER, 2001), conforme Figura 1. Neste sentido, as estratégias abaixo serão descritas e, em seguida, como feito nos capítulos anteriores, serão apresentadas as estratégias de intervenção conforme as principais demandas dos pacientes com a síndrome disexecutiva, com exemplos clínicos.

Figura 1 – Estratégias de Funções Executivas

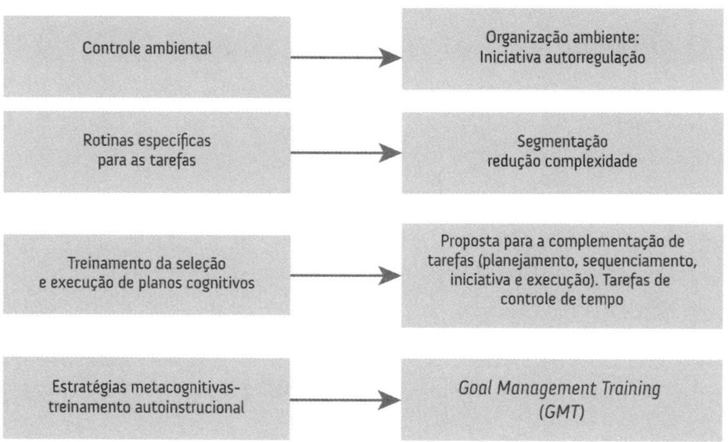

ESTRATÉGIAS DE CONTROLE AMBIENTAL

Estas estratégias têm como objetivo fulcral a organização do ambiente do paciente ou seu mundo externo, a fim de prevenir problemas que possam emergir devido às deficiências na iniciativa e autorregulação. O foco é que o ambiente deve sempre estimular o comportamento alvo. Logo, um paciente que precisa concentrar-se para estudar, deve fazê-lo em um ambiente livre de distratores, iluminado, com os materiais necessários ao alcance da mão. Assim, estas estratégias, abarcam além da organização do espaço físico, a manipulação dos fatores fisiológicos, como nutrição, sono, nível de atividade, medicação, fundamentais (Sohlberg & Mateer, 2001). Para o aprofundamento da relevância dos fatores fisiológicas na RN, ver Wong et al. (2020).

Neste sentido, coletar informações da rotina do paciente, auxiliá-lo a distribuir melhor as suas atividades, programar a realização destas, estruturar seu ambiente, são ações terapêuticas relacionadas a estas estratégias. Veja capítulo 2, uma vez que as estratégias atencionais são complementares às executivas.

ESTRATÉGIAS DE ROTINAS ESPECÍFICAS DAS TAREFAS

O propósito central é ensinar ao indivíduo um comportamento, ou uma série de comportamentos, que constituem uma adaptação para um ambiente específico.

Conforme Sohlberg & Mateer (2001), cabe ao reabilitador, ao aplicar estas estratégias, abarcar todas as características importantes para uma instrução bem-sucedida das rotinas específicas da tarefa, seja esta qual for, por exemplo, preparar uma refeição, usar o transporte público, estudar para uma prova e etc.

Assim sendo, seguir as etapas abaixo são condições *sine qua non*. O profissional, em conjunto com o paciente e família, devem:

- Desmembrar a rotina em etapas simples e em sequência lógica. Ressalta-se que o número de etapas é proporcional à capacidade do indivíduo, assim, quanto mais graves os déficits, maior o número de etapas necessário, a fim de reduzir a complexidade da tarefa.
- Desenvolver e implementar uma lista de verificação das etapas da rotina, de forma que o paciente possa julgar quando cada etapa da tarefa não é completada.
- Proporcionar prática suficiente para cada etapa, usando a ASE, a fim de garantir que o paciente saiba todas as etapas.
- Implantar reforço e motivação para realizar a tarefa.

ESTRATÉGIAS DE SELEÇÃO E EXECUÇÃO DE PLANOS COGNITIVOS

Intervir em RN de sintomas disexecutivos, de acordo com Sohlberg & Mateer (2001), implica em organizar a proposição de atividades funcionais a fim de alcançar as metas pré-estabelecidas previamente da seguinte forma:

Cenários Planejados – progredir do planejamento de tarefas hipotéticas para uma organização real da atividade planejada.

Proposta para complementação das tarefas – organizada para direcionar o planejamento, sequenciamento, iniciativa e execução. (ex.: ir à loja para determinar o horário de funcionamento, comprar um remédio, descobrir as etapas para se tirar um passaporte).

Tarefas de Controle de tempo – desenvolver a habilidade de calcular de forma precisa a passagem de tempo, considerando que pacientes com disfunção executiva tendem a subestimar ou hiperestimar o tempo.

ESTRATÉGIAS METACOGNITIVAS – TREINAMENTO AUTOINSTRUCIONAL

O grande mote da aplicação destas estratégias, não é somente treinar uma tarefa, mas guiar a interiorização dos processos de autorregulação. Assim, de forma geral, utiliza-se uma "conversa" interior ou seguimento de tarefas específicas para complementar rotinas para regular o comportamento e completar a tarefa-alvo. Em outras palavras, o objetivo é minorar o impacto do comprometimento executivo, ensinando os indivíduos a usarem rotinas autoinstrucionais ou metacognitivas para regular seus comportamentos através da autotarefa.

Dentre as técnicas mais utilizadas está o treinamento de gerenciamento de objetivos, ou o Goal Management Training (GMT) (Robertson, 1996), derivado do conceito de Duncan de Negligência da Meta (Goal Neglect) como o principal déficit executivo (1986).

Essencialmente, o GMT é uma série de etapas que os pacientes são incentivados a seguir para resolver problemas, englobando uma lista de verificação com perguntas que o paciente é estimulado a fazer-se, quando no desempenho de suas atividades (Levine et al., 2010). Os pacientes podem praticar isso primeiro com problemas hipotéticos, e depois, usar as etapas para problemas da vida real, seguindo as estratégias de rotinas específicas da tarefa. Eles são estimulados a internalizar essas etapas ou podem imprimi-las em um pequeno cartão laminado, o qual podem ter sempre consigo. Esta lista é composta por seis perguntas, com o propósito do paciente, mediante o desempenho de uma atividade que lhe seja relevante, parar e pensar, definir o que fazer, listar as etapas, aprender se está fazendo o que se propõe, fazer e depois verificar, segue roteiro abaixo, figura 2.

Figura 2 – Roteiro do GMT

- O que estou fazendo? (PARE)
- Definir tarefa principal (DEFINA)
- Listar etapas (LISTE)
- Perguntar a si mesmo se sabe as etapas (APRENDA)
- Executar a tarefa (FAÇA)

Perguntar: "Estou fazendo o que planejei?" (VERIFIQUE)

ESTRATÉGIAS DE INTERVENÇÃO CONFORME AS DIFICULDADES DE RESOLUÇÃO DE PROBLEMAS

Von Cramon et al., (1991), em seu estudo, realizaram uma intervenção com pacientes com LEA, a fim de reduzir a complexidade de um problema de múltiplos estágios, dividindo-o em subobjetivos gerenciáveis. A amostra foi dividida em dois grupos, uma que recebeu a intervenção de funções executivas, a experimental, e outro que recebeu uma intervenção voltada para a memória, a controle. A primeira incluiu treinamento em orientação de problemas, definição e formulação de problemas, geração de alternativas, tomada de decisões e verificação de soluções, seguindo as etapas apresentadas nas estratégias descritas nas seções anteriores. Como resultados, o grupo intervenção experimental mostrou ganhos significativos nas medidas de habilidade de planejamento e melhoria nas avaliações comportamentais de funções executivas, como aumento da consciência dos déficits, melhora na proposição de ideias direcionadas a metas e resolução de problemas.

Levine et al. (2000) propuseram o GMT, já explicitado acima, aplicado ao treinamento para avaliar o estado do problema atual, desta forma, segue roteiro abaixo como referência para a intervenção:

- O que estou fazendo?
- Qual tarefa principal?
- Especificação das metas relevantes e particionamento do processo de resolução de problemas em submetas, os passos.
- Certifique-se que seu paciente aprendeu as etapas. Sugere-se usar as estratégias de ASE, RE, AP e outras especificadas no capítulo 3.
- Logo, "Eu conheço as etapas?"
- Finalmente, implemente o automonitoramento dos resultados de suas ações com o estado de meta pretendido: "Estou fazendo o que planejado fazer?"
- No caso de uma incompatibilidade, todo o processo deve ser repetido.

Rath et al. (2003), propuseram uma intervenção de resolução de problemas focada no desenvolvimento de estratégias de autorregulação emocional como base para manter uma orientação eficaz para o problema, junto com um componente de "pensamento assertivo" que incluía treinamento cognitivo-comportamental em habilidades de resolução de problemas, um processo sistemático para analisar problemas da vida real e dramatizar exemplos da vida real em situações problemáticas. Tal intervenção mostrou-se eficaz com ganhos mantidos mesmo após a suspensão da intervenção. Todas estas são técnicas que podem e devem ser usadas na reabilitação das funções executivas.

Conforme Evans (2020), independente da atividade ou tarefa proposta, para a RN de funções executivas, o reabilitador deve sempre trabalhar com seu paciente:

a) a identificação e análise de problemas;
b) a seleção de informações importantes para resolver um problema;
c) o reconhecimento da relação entre os diferentes itens relevantes de uma informação, combinando-os, se necessário;
d) a produção de ideias / soluções;
e) a utilização de diferentes representações mentais para resolver um problema;
f) o monitoramento da implementação de soluções e da avaliação dessas.

Assim, a partir das metas estabelecidas, seleciona-se uma tarefa, por exemplo, programar uma viagem de férias no final do ano. Tomemos este esquema como referência, figura 3. Assim sendo, o reabilitador inicia pelos cenários planejados, conforme estratégias de treinamento da solução e execução de planos cognitivos, e parte para situação intermediárias, até chegar no contexto do paciente.

Figura 3 – Modelo para Praticar a Aplicação do Referencial Teórico do Gerenciamento de Metas, Primeiro em Problemas Hipotéticos e Depois, da Vida Real. Esquema Usado no Oliver Zangwill Centre, Descrito por Evans (2020).

1. **Meta principal:** ______________________________

2. Soluções alternativas	3. Prós	3. Contras

3. **Decisão:** ______________________________

4. **Plano**

Sucesso ☑ **Fracasso** X

Passo 1 ______________________ ☐

Passo 2 ______________________ ☐

Passo 3 ______________________ ☐

Passo 4 ______________________ ☐

Passo 5 ______________________ ☐

Passo 6 ______________________ ☐

5. 6. Lembre-se de monitorar e avaliar!
As coisas estão dando certo? Se não estão, você precisa mudar seu plano?

Este esquema foi aplicado desta forma com uma mulher, Anna (nome fictício), 37 anos, com diagnóstico de depressão, encaminhada por sua psicóloga para a RN, devido ao importante e impactante comprometimento cognitivo. Ao final de seu programa de reabilitação, onde várias das estratégias aqui citadas foram usadas visando o alcance de metas específicas, Anna foi capaz de construir a tabela abaixo para alcançar sua última meta, mudar-se da cidade interiorana onde morava à época, para a capital onde assumiria o tão almejado cargo público, veja figura 4, onde além de segmentar as tarefas, ela as colocou em uma linha temporal e implementou *checklists* para monitoramento constante de suas evoluções, integrando assim, todas as estratégias de RN aqui descritas.

Figura 4 – Tabela Construída pela Paciente para Monitoramento das Tarefas que Precederiam sua Mudança

Quando?	Atividades relacionadas ao escritório	Atividades para o novo lar	Check-in e Observações
6 MESES antes	vender móveis do escritório (estante e mesa de trabalho); devolver as cadeiras que me foram emprestadas e pintar as paredes de branco.	Para meu namorado: iniciar a procura de um novo trabalho e providenciar os documentos para a transferência de Faculdade.	
4 MESES antes	vender: geladeira, forno e demais itens da cozinha do escritório.	Pesquisar sobre o Estado que será meu novo lar (ir até as cidades, ver os bairros, conversar com as pessoas locais): - quais são os bairros mais seguros; distância deles do meu local de trabalho, farmácia, supermercado, padaria, hospitais e posto de combustível; - os costumes e as normas sociais e de convívio; hábitos alimentares; hospitalidade e receptividade das pessoas e possibilidades de lazer.	

Quando?	Atividades relacionadas ao escritório	Atividades para o novo lar	Check-in e Observações
3 MESES antes	vender as câmeras de segurança do escritório e as cadeiras pretas - colocar à venda o balcão		
2 MESES antes		alugar uma casa /apt. - medir a casa nova para ver se cabem os móveis; verificar a voltagem da nova casa e checar se os eletrodomésticos são da mesma categoria; serviços e pessoas que terei que contatar ao chegar ao meu novo lar: luz, água, internet, tv paga, faxineira, pilates, academia de ginastica e fazer orçamento e contratar empresa que faz mudança e que já monta os móveis.	

Quando?	Atividades relacionadas ao escritório	Atividades para o novo lar	Check-in e Observações
1 MÊS antes	notificar a proprietária do meu imóvel atual sobre a minha não permanência; pedir o cancelamento da linha telefônica e da internet; encerramento de conta bancária, e dar baixa na carteira do meu funcionário.	comprar: caixas de papelão e fitas, plástico bolha, etiquetas para numerar as caixas; embalar: louças, livros, roupas e demais objetos e fazer uma planilha enumerando cada item de cada uma das caixas.	
02 DIAS ANTES (quarta-feira)		doar as plantas para a minha sogra, - Cancelar serviços de casa: luz, água e internet (pegar a quitação da luz e da água), terminar de embalar os objetos de casa, trazer os objetos do meu namorado para minha casa e desligar o freezer e a geladeira.	

Para mais uma contextualização clínica, consideremos o caso de Wilson (nome fictício), 62 anos, encaminhado por sua psiquiatra, para a RN, em decorrência de comprometimentos cognitivos com impacto nas esferas ocupacionais. De acordo com anamnese realizada com ele, sua esposa e filha, o mesmo apresenta grandes dificuldades no manejo executivo de suas tarefas cotidianas, "está irritadiço, agressivo, e esquece informações frequentemente" (sic), dificuldades estas que impactam diretamente a convivência em seus diversos contextos. Wilson apresenta discurso circunvoluntório, sendo nítida a dificuldade de planejar, estabelecer objetivos, tem ideias, mas não consegue se planejar para executar suas intenções, fato este que causa "muita ansiedade" (sic). Há cinco anos, dedica-se à empresa familiar, entretanto não consegue se encaixar em nenhum cargo, parece não abstrair como deve se comportar, tem dificuldades para tomar decisões, para estabelecer o passo a passo das atividades a serem executadas. Ele ainda ressalta que "esperaria estar na liderança da empresa" (sic), mas não tem conseguido arquitetar um plano de ação para fazê-lo. Relata, de forma consistente, que considera estar com "potencial aquém do esperado" (sic), considerando os parâmetros prévios de suas ações em uma multinacional, empresa que trabalhou até se aposentar, aos 43 anos. No que tange a memória, os familiares apontam piora dos esquecimentos. Não foram relatadas queixas de anedonia, pelo contrário, Wilson disse "ter vontade e disposição para fazer suas coisas" (sic).

Quanto aos aspectos clínicos, o idoso é diabético, hipertenso, sedentário e obeso. Após quedas frequentes devido a episódios de desequilíbrio, há 5 anos, Wilson passou por uma avaliação neurológica, onde foram evidenciadas lesões subcorticais devido a inúmeros ataques isquêmicos transitórios. A anamnese evidenciou uma evolução em degraus, com períodos de estabilidade seguidos de perdas cognitiva e funcional. A avaliação neuropsicológica recente mostrou que o domínio majoritariamente acometido foi o de funções executivas; sendo demonstradas dificuldades no planejamento e organização, flexibilidade cognitiva, memória operacional, atenção sustentada e alternada, tomada de decisão e controle inibitório. Entretanto, estavam preservadas as habilidades de aprendizagem e consolidação de informações.

Fazendo um recorte apenas para as funções executivas, as principais dificuldades relatadas, a princípio, foram a desorganização para a realização das tarefas da rotina, as dificuldades de priorização e execução das tarefas na empresa, dificuldade em antecipar ou organizar algo, e na iniciação das tarefas. No quadro abaixo, estão organizadas as metas da intervenção e todas as estratégias de RN das funções executivas. Passados cinco meses, com atendimentos semanais, o idoso apresentou melhora substancial, conforme as medidas de eficácia funcionais empregadas.

Metas de Intervenção	O que? Estratégias de Intervenção	Como? Exemplos de Atividades Empregadas
-Wilson executará programação diária de forma independente e concluirá mais de 75% das atividades com sucesso, avaliadas por ele, esposa e filha. -Wilson realizará uma atividade física, pelo menos, duas vezes por semana. -Wilson será capaz de empregar, de maneira eficaz, estratégias atencionais e executivas em situações de trabalho e cotidianas, conforme avaliações dele, esposa e filha.	-Estratégias de autogerenciamento (procedimentos de orientação), suportes ambientais (modificações ambientais, como blocos de notas) e dispositivos e auxílios externos (checklists), estratégias de aprendizado de domínios específicos do conhecimento (pareamento de estímulos, aprendizagem sem erro, recuperação espaçada). -Gerenciamento Ambiental (organização do espaço físico e manipulação de fatores fisiológicos), -Treinamento de Seleção e Execução de Planos Cognitivos (planejamento, visando a conclusão de tarefas, gerenciamento de tempo visando a priorização de atividades, segmentação de tarefas complexas em tarefas mais simples com estimativas temporais mais realistas, considerando suas atividades e projetos), -Rotinas de aprendizagem de tarefas específicas (planejar, praticar e promover atitudes terapêuticas – checklists e análise de tarefas), -Estratégias metacognitivas / Treinamento autoinstrucional (Treinamento em gerenciamento de metas – GMT: pare, defina, liste, aprenda, faça e verifique).	- Com a ajuda da esposa e filha foram estabelecidos lembretes integrados com a agenda do Google e o aplicativo no telefone de Wilson. Assim que ouvisse o alarme, foi estabelecido o pareamento com o uso do GMT, e assim que a tarefa fosse cumprida, ele deveria enviar uma mensagem a esposa, comunicando-a. - Foram realizados atendimentos no escritório do idoso, na empresa. Foi realizada, com sua ativa colaboração, a estruturação mais executiva de seu ambiente, visando a redução de distratores. - Paciente e família foram orientados a implementar hábitos de higiene do sono e iniciaram acompanhamento nutricional. - As estratégias de rotinas específicas e seleção e execução de planos cognitivos foram aplicadas na tarefa de realizar uma atividade física. Esta foi segmentada assim: passar pela avaliação de seu médico, agendar uma visita e conhecer uma academia, marcar uma avaliação inicial, marcar o dia para início da ficha com o professor, e ir à academia duas vezes por semana, enquanto esperava sua filha que fazia aula de inglês. -Ao final do dia, Wilson deveria checar sua lista, composta de atividades realizadas, atividades a fazer. Como parâmetro, ele a compartilhava comigo e esposa, diariamente, implementando a rotina da verificação mental.

Retomando o conceito da pirâmide cognitiva, exposto no primeiro capítulo deste manual, as funções executivas ocupam o topo da pirâmide, bem como todas as arestas, logo, elas perpassam todos os outros domínios cognitivos. Deste modo, as suas estratégias também se sobrepõem às de atenção e memória. Para então clarificar este conteúdo e torná-lo mais tangível para o clínico da área, a finalização deste capítulo será com um plano objetivo, com dicas, reunindo um apanhado geral que deve ser devidamente considerado pelo profissional que irá conduzir a RN, conforme proposto por Johnstone e Stonnington (2001), Cicerone et al. (2006) e Loschiavo Alvares e Wilson (2020).

Dicas Gerais:

- Realize a estruturação da rotina e ambiental.
- Use alertas, o mesmo se aplica para a reabilitação das dificuldades atencionais e de memória!
- Estimule a autoinstrução, use o GMT.
- Implemente o gerenciamento de sono e fadiga.
- Trabalhe a psicoeducação com paciente e família, de forma que eles sejam capazes de reconhecer os sinais precoces de possíveis alterações emocionais.
- Use estratégias de relaxamento.
- Promova experimentos comportamentais para estimativa de tempo, de complexidade da tarefa.
- Estimule o planejamento e organização prévios a qualquer tarefa.
- Estimule o paciente a praticar a repetição, contextualizada e funcional, orientada com as estratégias pertinentes, para melhorar o comportamento.
- Fazer com que o paciente obtenha progressos nas atividades propostas através de tarefas hierarquizadas (das

mais básicas para as mais complexas). Use como parâmetros o grau de complexidade da tarefa e a capacidade do paciente. Qualquer desbalanceamento nesta relação, fará com que o paciente se frustre, mediante uma tarefa muito difícil, ou que se desmotive, ao realizar uma tarefa muito fácil!

- Utilizar-se de habilidades ou funções preservadas para compensar as prejudicadas.
- Modificar o ambiente social ou de trabalho para reduzir a probabilidade de ocorrência de falhas executivas, particularmente sob novas condições de tempo, pressão e fadiga.
- Estabelecer atividades diárias como âncoras rotina (ex: almoço ao meio-dia diariamente, terça é dia de doces, etc.), que facilitará o pareamento de estímulos e aprendizado.
- Orientar o paciente para que faça as suas tarefas passo a passo e que se permita um tempo extra, suficiente para evitar pressa e confusão.
- Não exagerar na quantidade de tarefas, não propor mais do que a pessoa é capaz de fazer.

Considerando especificamente os prejuízos de iniciativa:

- Use pistas ambientais ou gatilhos para a ação, tais como alarmes, sinais visuais ou calendários. O reforço seletivo de respostas desejadas para a procura de pistas pode aumentar a probabilidade de que estas ocorram, fazendo com que o paciente fique orientado à tarefa.
- Algumas atividades se encaixam de forma racional e podem ser pareadas de uma maneira repetitiva para aumentar a iniciativa do comportamento alvo. Assim, a aceitação das medicações prescritas pode melhorar

instruindo-se o paciente a tomar as pílulas na hora das refeições. De novo, o pareamento de estímulos!

- Infelizmente, síndromes disexecutivas severas têm implicações negativas para o sucesso interpessoal e vocacional e, muitas vezes, o foco da intervenção passa a ser o suporte de cuidadores e familiares para que possam desenvolver expectativas realistas sobre a condição do paciente.
- Esteja atento ao humor e ansiedade! Considere sempre estas variáveis para a sua formulação clínica para intervenção, ver Loschiavo Alvares (2020 b), para aprofundamento desta questão.
- Trabalhe integrado com a Psicoterapia. Esta pode ajudar a construir um repertório de respostas adaptativas que poderão ser empregadas a longo prazo.

Estratégias para melhorar Distúrbios de controle inibitório:

- A terapia comportamental emprega técnicas de modificação de comportamento operante e paradigmas de administração de contingências empregados para extinguir comportamentos indesejados e promover outros mais adaptativos. Tipicamente, ignorar o comportamento inapropriado não causará o seu desaparecimento. Entretanto, fazer declarações diretas como: "Aquela declaração foi inapropriada" ou "Não é para você me tocar", imediatamente seguidas de comportamento ofensivo, irá servir para reduzir a frequência destes comportamentos.
- Psicoterapia individual com o parceiro ou terapia de casal, pode beneficiar no manejo do caso. Esta irá ajudar o parceiro a entender as bases neurológicas das alterações de personalidade e a desenvolver estratégias de comunicação. Este trabalho também pode permitir um

treinamento específico do parceiro na implementação e manutenção das estratégias de modificação do comportamento baseadas na comunidade – um elemento crucial para um programa bem-sucedido.

- Em casos severos, na presença de rompantes de agressividade frequentes e inadvertidos, intervenções farmacológicas podem ser necessárias.

Para as dificuldades da autorregulação, considerar:

- Dificuldades em tarefas sistemáticas e lógicas de resolução de problemas podem ser compensadas através do treinamento de estratégias conforme o GMT e outras relatadas acima.
- Exposição repetida e gradual a tarefas que revelem as forças e limitações dos pacientes são importantes para a ampliação da auto percepção após uma lesão. Entretanto, a relação precisa entre aumento da autopercepção e a evolução funcional permanece controversa. Mesmo em estudos que enfatizam esta correlação, pode-se suspeitar da forte influência dos fatores intelectuais e educacionais pré-mórbidos nos pacientes com TCE severo, por exemplo. Assim, é sugerido que os tratamentos mantenham seu foco na melhora da autorregulação em situações de convívio em comunidade.
- Enquanto a consolidação de abordagens baseadas em programas de computador tem sido buscada há anos, os resultados são controversos. Entretanto, os recursos tecnológicos desempenham um importante papel como órteses cognitivas para o propósito de compensação (versus remediação) de déficits de processamento de informação. Um exemplo excelente é o sistema de "NeuroPage" descrito por Wilson e colaboradores

(1999). O NeuroPage é um pager alfanumérico usado pelo paciente durante sua rotina normal. Anotações e avisos de compromissos diários importantes (ex.: "Tome o seu remédio para epilepsia agora" / "Levante-se e vista-se agora" / "Você trancou a porta à noite? ") são enviados por uma central e transmitidos via satélite para o paciente nas horas combinadas. O sistema tem a flexibilidade de ser adaptados para necessidades individuais e a natureza "*just-in-time*" dos comandos têm se mostrado eficazes em permitir que alguns pacientes mantenham um estilo de vida independente a despeito de significativos déficits de memória e de execução. Da mesma forma, outros tipos de auxílios digitais de uso pessoal, como Smartphones e diversos aplicativos podem ser empregados como "notepad" eletrônicos, e agendas para aprimorar a organização, a evocação e a realização de tarefas, aumentando a independência.

CONSIDERAÇÕES FINAIS

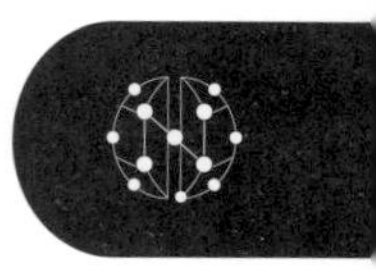

De acordo com Cicerone (2016), a RN, de maneira pragmática, engloba um sistema de atividades terapêuticas, deliberadamente proposto para estabelecer novos padrões de atividade por meio de mecanismos cognitivos compensatórios, habilitando a pessoa a se adaptar à sua deficiência cognitiva para melhorar o seu funcionamento ocupacional geral. Concernente o funcionamento cotidiano, esta é uma interação altamente complexa e dinâmica de comportamentos de rotina automática e uma ação conscientemente controlada (Evans, 2009; Tirapu-Ustarroz et al., 2008).

Independente do comprometimento do paciente, observam-se os prejuízos nas tarefas cotidianas. Desta forma, todo mote de qualquer programa de RN deve ser melhorar ou permitir maior autonomia para os indivíduos nas situações cotidianas, permitindo-lhes resolver problemas (dentro de suas capacidades), gerir suas rotinas e realizar as suas ocupações. Portanto, ao estabelecer as metas da intervenção, o reabilitador deve sempre se questionar se estas têm um propósito funcional, se são customizadas para o paciente, se são específicas para seu contexto para então estabelecer os objetivos intermediários e escolher quais estratégias usar, e, por fim, pensar quando e como intervir. Assim, a reabilitação transformará o ambiente da rotina em um sistema que promova o aprendizado contínuo (Worthington & Waller, 2009), favorecendo o melhor prognóstico terapêutico.

E a você, reabilitador, para o qual toda esta coletânea e este manual foram delineados, não se esqueça que o plano de intervenção terapêutica em RN que estabelecerá para o seu paciente deve ser:

- Específico ao contexto;
- Colaborativo;
- Enfatizar o emprego das estratégias para compensar os déficits residuais;
- Reduzir a incapacidade e restaurar o funcionamento dos papéis ocupacionais e sociais;
- Direcionado a resultados funcionais relevantes;
- Voltado para melhorar o funcionamento diário;
- Generalizável aos contextos funcionais;
- Educativo para paciente e família;
- Inclusivo, ao abarcar suporte e intervenção contínuos para o paciente e sua família.

REFERÊNCIAS

ARCINIEGAS, D.B.; HELD, K.; WAGNER, P. Cognitive impairment following traumatic brain injury. **Curr Treat Options Neurol.**, v. 4, p. 43–57, 2002.

ARRUDA, B.P.; AKAMATSU, P.Y.F.; XAVIER, A.P.; COSTA, R.C.V.; OLIVEIRA-ALONSO, G.S.; MADALENO, I.M.P. Traumatismo crânio encefálico e suas implicações cognitivas e na qualidade de vida. **Acta Fisiatr.,** v. 22, n. 2, p. 55-59 , 2015.

AŞIRET, G.; KAPUCU, S. The Effect of Reminiscence Therapy on Cognition, Depression, and Activities of Daily Living for Patients with Alzheimer Disease. **Journal of geriatric psychiatry and neurology**, v. 29, 2015.

AUSTIN, M. P.; MITCHELL, P.; GOODWIN, G. M. Cognitive deficits in depression. **Br J Psychiatr**, v. 178, p. 200-206, 2001.

BADDELEY, A. D; LONGMAN, D. J. A. The influence of length and frequency on training sessions on the rate of learning to type. **Ergonomics**, 21, p. 627-635, 1978.

BADDELEY, A. D.; WILSON, B. A. When implicit learning fails: Amnesia and the problem of error elimination. **Neuropsychologia**, 32, p. 53-68, 1994.

BOTTINO, Cássio M.C. et al. Reabilitação cognitiva em pacientes com doença de Alzheimer: Relato de trabalho em equipe multidisciplinar. **Arq. Neuro-Psiquiatr.**, v. 60, n. 1, p. 70-79, 2002.

BRUSH, J. A; CAMP, C. J. **A therapy technique for improving memory**: spaced retrieval. Beachwood, OH; Menora Park Center for senior living, 1998.

BUCHANAN, J. A.; CHRISTENSON, A.; HOULIHAN, D.; OSTROM, C. The role of behavior analysis in the rehabilitation of persons with dementia. **Behavior Therapy**, v. 42, p. 9-21, 2011.

BURTON, M. Reality orientation for the elderly: a critique. **J Adv Nurs**, v.7, p. 427-433, 1982.

BUTTERS, M.A.; SOETY, E.; BECKER, J.T. Memory rehabilitation. In: NUSSBAUN, P.D. (Ed.). **Handbook of neuropsichology and aging**. New York: Plenun Press, p. 515-527, 1997.

BYRD, M. The use of visual imagery as a mnemonic device for healthy elderly and Alheimer's disease patients. **Am J Alzheimer Care Relat Disord Res**, v. 5, p. 10-15, 1990.

CAMP, C. J.; FOSS, J. W.; STEVENS, A. B. et al. M. Improving prospective memory performance in persons with Alzheimer's Disease. In: M. A. Brandimonte; G. O. Einstein; M. A. McDaniel (Eds.). **Prospective memory**: Theory and Applications. Mahwah, New Jersey: Lawrence Erlbaum Associates, 1996.

CANTIN, N.; POLATAJKO, H.J.; THACH, T.; JAGLAL, S. Developmental coordination disorder: Exploration of a cerebellar hypothesis. **Human Movement Science**, v. 26, p. 491-509, 2007.

CARRILLO-MORA, P. Sistemas de memoria: reseña histórica, clasificación y conceptos actuales. Primera parte: Historia, taxonomía de la memoria, sistemas de memoria de largo plazo: la memoria semántica. **Salud Mental**, v. 33, 2010.

CASTELNAU, P.; ALBARET, J.M.; CHAIX, Y.; ZANONE, P.G. Developmental coordination disorder pertains to a deficit in perceptuomotor synchronization independent of attentional capacities. **Human Movement Science**, v.26, p. 477-490, 2007.

CAVALLARO, R.; CAVEDINI, P.; MISTRETTA, P.; BASSI, T.; et al. Basal-corticofrontal circuits in schizophrenia and obsessive-compulsive disorder: a controlled, double dissociation study. **Biol Psychiatr**, v. 54, p. 437-43, 2003.

CHASE, W. G.; SIMON, H. A. **Perception in chess**. Cognitive Psychology, v. 4, p. 55-81, 1973.

CICERO, M. T. (55 BCE/2001). **Cicero on the ideal orator (de oratore)** (J. M. May & J. Wisse, Trans.). Oxford, UK: Oxford University Press.

CICERONE, K. D.; DAHLBERG, C.; MALEC, J. F.; LANGENBAHN, D. M.; FELICETTI, T.; KNEIPP, S., et al. Evidence-based cognitive rehabilitation: Updated review of the literature from 1998 through 2002. **Archives of Physical Medicine and Rehabilitation**, v. 86, p. 1681–1692, 2005.

CICERONE, K.; GOLDIN, Y.; GANCI, K.; ROSENBAUM, A.; WETHE, J.; LANGENBAHN, D.; MALEC, J.; BERGQUIST, T.; KINGSLEY, K.; NAGELE, D.; TREXLER, L.; FRAAS, M.; BOGDANOVA, Y.; HARLEY, J. Evidence-Based Cognitive Rehabilitation: Systematic Review of the Literature From 2009 Through 2014. **Archives of Physical Medicine and Rehabilitation**, v.100, 2019.

CICERONE, K.; LEVIN, H.; MALEC, J.; STUSS, D.; WHYTE, J. (2006). Cognitive Rehabilitation Interventions for Executive Function: Moving from Bench to Bedside in Patients with Traumatic Brain Injury. **Journal of cognitive neuroscience**, v. 18, v. 1212-1222, 2006.

CICERONE, K.D. **Evidence based cognitive rehabilitation recommendations for clinical practice**. Disponível em: https://www.bianj.org/wp-content/uploads/2016/08/COG-ISIG-Combined-Reviews-BIANJ-5_12_2016.pdf. Acesso em: 15 set 2020.

CICERONE, K.D.; LANGENBAHN, D. M.; BRADEN, C. et al. Evidence-based cognitive rehabilitation: Updated review of the literature from 2003 through 2008. **Archives of Physical Medicine and Rehabilitation**, v. 92, p. 519-530, 2011.

CICERONE, K.D.; LANGENBAHN, D.M.; BRADEN, C. et al. Evidence-based cognitive rehabilitation: Updated review of the literature from 2003 through 2008. *Cicerone KD, Langenbahn DM, Braden C, Malec JF, Kalmar K, Fraas M, Felicetti T, Laatsch L, Harley JP, Bergquist T, Azulay J, Cantor J, Ashman T.* **Archives of Physical Medicine and Rehabilitation**, 92, p. 519-530, 2011.

CLARE, L. Cognitive training and cognitive rehabilitation for people with early-stage dementia. **Reviews in Clinical Gerontology**, v. 13, 75-83, 2003.

CLARE, L. **Neuropsychological rehabilitation and people with dementia**. Hove: Psychology Press, 2008.

CLARE, L.; WILSON, B. A.; BREEN, E. K. et al. Errorless learning of face-name associations in early Alzheimer's disease. **Neurocase**, 5, p. 37-46, 1999.

CLARE, L.; WILSON, B.A. Memory rehabilitation for people with early-stage dementia: a single case comparison of four errorless learning methods. **Zeitschrift fu ̈r Gerontopsychologie und – psychiatrie**, v. 17, p. 109-117, 2004.

COWAN, N. The magical number 4 in short-term memory: A reconsideration of mental storage capacity. **Behavioral and Brain Sciences**, v. 24, p. 87–185, 2001.

CYPEL, S. As funções executivas e o aprendizado escolar. In: Valle, L.E.L.R.; Valle, E.L.R. **Neuropsiquiatria: infância e adolescência.** Rio de Janeiro: Wak Editora, p. 25-32, 2007.

DABAN, C.; MARTINEZ-ARAN, A.; TORRENT, C.; TABARÉS-SEISDEDOS, R.; BALANZÁ-MARTÍNEZ, V.; SALAZAR-FRAILE, J.; et al. Specificity of cognitive deficits in bipolar disorder versus schizophrenia. **Psychother Psychosom**, v. 75, p. 72-84, 2006.

DALGLEISH, T.; NAVRADY, L.; BIRD, E.; TRAVERS-HILL, E.; DUNN, B.; GOLDEN, A. Method-of-Loci as a Mnemonic Device to Facilitate Access to Self-Affirming Personal Memories for Individuals with Depression. **Clinical Psychological Science**, v. 1, p.156-162, 2013.

DE GROOT, A. D. **Thought and choice in chess (first Dutch edition in 1946)**. The Hague: Mouton Publishers, 1978.

DE GROOT, A. D. **Het denken van den schaker.** Amsterdam: Noord Hollandsche, 1946.

DIAMOND, A. Close Interrelation of Motor Development and Cognitive Development and of the Cerebellum and Prefrontal Cortex. **Child Development**, v. 71, n. 1, p. 44-56, 2000.

DIXON, T.; KRAVARITI, E.; FRITH, C.; MURRAY, R. M.; MCGUIRE, P. K. Effect of symptoms on executive function in bipolar illness. **Psychol Med.**, v. 34, p. 811-821, 2004.

DUNCAN, J. Disorganization of behaviour after frontal lobe damage. **Cognitive Neuropsychology**, v. 3, p. 271-290, 1986.

DUNN, J.; CLARE, L. Learning face-name associations in early stage dementia: Comparing the effects of errorless learning and effortful processing. **Neuropsychological Rehabilitation,** v. 17, p. 735-754, 2007.

EHLHARDT, L. A; SOHLBERG, M. M; KENNEDY, M. et al. Evidence-based practice guidelines for instructing individuals with neurogenic impairments: what have we learned in the past 20 years? **Neuropsychological Rehabilitation** 18, p. 25-29, 2008.

EVANS, J. J. The cognitive group part 1: Attention and goal management. In: B. A.Wilson; J. J. Evans; F. Gracey; A. Bateman. **Neuropsychological Rehabilitation**: Theory, models, therapy and outcomes. Cambridge: Cambridge University Press, 2009. p. 81-97.

EVANS, J. J.; KRASNY-PACINI, A. Goal setting in rehabilitation. In: B. A. Wilson; J. Winegardner; C. van Heugten; T. Ownsworth (Eds). **Neuropsychological Rehabilitation: The International Handbook**, p. 49-58. Abingdon: Routledge, 2017.

EVANS, J. O grupo cognitivo – parte 1: atenção e gerenciamento de metas. In: WILSON, B.A.; GRACEY, F.; EVANS, J.; BATEMAN, A. **Reabilitação neuropsicológica: teoria, modelos, terapia e eficácia.** Belo Horizonte: Artesã, 2020.

FISH, J. Rehabilitation of attention disorders: Adults. In: B. A. Wilson; J. Winegardner; C. VAN Heugten; T. Ownsworth (Eds.). **Neuropsychological Rehabilitation**: The International Handbook. Abingdon: Routledge, 2017. p. 172-178.

FOLSOM, J. C. Reality orientation for the elderly mental patient. **Journal of Geriatric Psychiatry**, v. 1, p. 291–307, 1966.

FRANCÉS, I. et al. Estimulación cognoscitiva en las demencias. **Anales del Sistema Sanitario de Navarra**, v. 26, n. 3, p. 405-22, 2003.

FRASER, M. Memory clinics and memory training. In: ARIE, T. (Ed.). **Recent advances in psychogeriatrics**. London: Churchill Livingstone, p. 105-115, 1992.

FUSTER, J.M. Executive frontal functions. **Experimental Brain Research**, v.133, p. 66-70, 2000.

FUSTER, J.M. Executive frontal functions. **Experimental Brain Research**, v.133, p. 66-70, 2000.

GARAVAN, H.; ROSS, T.J.; MURPHY, K.; ROCHE, R.A.P.; STEIN, E.A. Dissociable Executive Functions in the Dynamic Control of Behavior: Inhibition, Error Detection, and Correction. **NeuroImage**, v.17, p. 1820-1829, 2002.

GLISKY, E. L.; SCHACTER, D. L.; TULVING, E. Computer learning by memory impaired patients: Acquisition and retention of complex knowledge. **Neuropsychologia**, 24, p. 313-328, 1986.

GOBET, F. **Understanding Expertise: A Multidisciplinary Approach**. Palgrave, 2016.

GODEFREY, O.; ROUSSEAUX, M. Novel decision making in patients with prefrontal or posterior brain damage. **Neurology**, v. 49, p. 695–701, 1997.

GOMEZ, J. A. et.al. **Reabilitação Neuropsicológica: abordagem interdisciplinar e modelos conceituais na prática clínica**. Porto Alegre: Artmed, 2012.

GRAHAM, K. S.; PATTERSON, K.; PRATT, K. H.; HODGES, J. R. Can repeated exposure to 'forgotten' vocabulary help alleviate difficulties in semantic dementia? An illustrative case study. **Neuropsychological Rehabilitation: An International Journal,** v. 11, p. 429-454, 2001.

GREENBERG, C.; POWERS, S. Memory improvements among adult learners. **Educational Gerontology**, v. 13, p. 263-28, 1987.

HAMPSTEAD, B. M.; SATHIAN, K.; MOORE, A. B. et al. Explicit memory training leads to improved memory for face-name pairs in patients with mild cognitive impairment: Results of a pilot investigation. **Journal of the International Neuropsychological Society**, v. 14, p. 883-889, 2008.

HAMPSTEAD, B. M.; SATHIAN, K.; PHILLIPS, P. A. et al. Mnemonic strategy training improves memory for object location associations in both healthy elderly and patients with amnestic mild cognitive impairment: A randomized, single blind study. **Neuropsychology**, v. 26, n. 3, p. 385-399, 2012.

HAMPSTEAD, B.M.; GILLIS, M.M.; STRINGER, A.Y. Cognitive Rehabilitation of Memory for Mild Cognitive Impairment: A Methodological Review and Model for Future Research. **Journal of the International Neuropsychological Society**, v. 1, p. 1-17, 2014.

HEINRICH, H.; GRUNITZ, J.; STONAWSKI, V. et al. Attention, cognitive control and motivation in ADHD: Linking event-related brain potentials and DNA methylation patterns in boys at early school age. **Sci Rep.**, v. 7, n. 3823, 2017.

HOLDEN, U.P.; WOODS, R.T. **Reality orientation: Psychological approaches to the confused elderly**. Edinburgh: Churchill Livingstone, 1982.

HOLMES, E. A.; MATHEWS, A. Mental imagery in emotion and emotional disorders. **Clinical Psychology Review**, v. 30, p. 349–362, 2010.

HOPPER, T.; MAHENDRA, N.; KIM, E.; AZUMA, T.; BAYLES, K. A.; CLEARY, S.; TOMOEDA, C. K. Evidence-based practice recommendations for individuals working with dementia: Spaced-retrieval training. **Journal of Medical Speech–Language Pathology,** v. 13, n. 4, p. xxvii–xxxiv, 2005.

HUGHES, C.; GRAHAM, A. Measuring Executive Functions in Childhood: Problems and Solutions? **Child and Adolescent Mental Health**, v. 7, p. 131-142, 2002.

KAHN, R. S.; KEEFE, R. S. E. Schizophrenia Is a Cognitive Illness. **JAMA Psychiatry**, v. 70, n. 10, p. 1107, 2013.

KANDEL, E. R. **Em busca da memória: o nascimento de uma nova ciência da mente.** Trad.: Rejane Rubino. São Paulo: Companhia das Letras, 2009.

KASPER, E.; OCHMANN, S.; HOFFMANN W. et al. Cognitive rehabilitation in Alzheimer's disease – a conceptual and methodological review. **J Prev Alzheimers Dis**, v. 2, p. 142-152, 2015.

KELLY M. E.; O'SULLIVAN M. Strategies and techniques for cognitive rehabilitation; manual for healthcare professionals working with people with cognitive impairment. **Manual for Healthcare Professionals Working with Individuals with Cognitive Impairment**, v.1, n. 25, 2015.

KRANEN, E. Clinical reasoning in cognitive rehabilitation therapy. **NeuroRehabilitation**, v.34, p. 15-21, 2014.

LANDAUER, T. K.; BJORK, R. A. Optimum rehearsal patterns and name learning. In: M. M. Gruneberg; P. E. Morris; R. N. Sykes (Eds.). **Practical aspects of memory**, London: Academic Press, 1978. p. 625-632.

LATHA, K.S & BHANDARY, PV & SUBBANNAYYA, TEJASWINI & MADHYASTHA, SAHANA. Reminiscence Therapy: An Overview. **Middle East Journal of Age and Ageing**, v. 11, 2014.

LATHA, K.S.; BHANDARY, P.V.; SUBBANNAYYA, T.; MADHYASTHA, S. Reminiscence Therapy: An Overview. **Middle East Journal of Age and Ageing**, v. 11, 2014.

LEE, R. S.; HERMENS, D. F.; PORTER, M. A. et al. A meta-analysis of cognitive deficits in first-episode major depressive disorder. **J Affect Disord.**, v. 140, p. 113-124, 2012.

LEVINE, B.; SCHWEIZER, T.; O'CONNOR, C.; TURNER, G.; GILLINGHAM, S.; STUSS, D.; MANLY, T.; ROBERTSON, I. Rehabilitation of Executive Functioning in Patients with Frontal Lobe Brain Damage with Goal Management Training. **Frontiers in human neuroscience,** v. 5, n. 9, 2011.

LEZAK, M. D. The problem of assessing executive functions. **International Journal of Psychology,** v. 17, p. 281- 297, 1982.

LINDSEY, H. **Effects of Neuroplasticity-based Cognitive Rehabilitation Training on Neuropsychological Functioning and White Matter Tract Integrity in Traumatic Brain Injury**, 2015.10.13140/RG.2.1.4253.0724.

LOPRESTI, E.; SIMPSON, R.; KIRSCH, N.; SCHRECKENGHOST, D.; HAYASHI, S. Distributed cognitive aid with scheduling and interactive task guidance. **Journal of rehabilitation research and development**, v. 45, p. 505-521, 2008.

LOPRESTI, E.F.; MIHAILIDIS, A.; KIRSCH, N. Assistive technology for cognitive rehabilitation: State of the art. **Neuropsychological Rehabilitation: An International Journal**, v. 14, n.1-2, p. 5-39, 2014.

LOSCHIAVO ALVARES, F.Q **Manual para a Aplicação dos *Core Sets* da Classificação Internacional de Funcionalidade (CIF) na Reabilitação Neuropsicológica dos Transtornos Psiquiátricos.** Belo Horizonte: Editora Artesã, 2020 a.

LOSCHIAVO ALVARES, F.Q **Manual para a Formulação Clínica para a Intervenção em Reabilitação Neuropsicológica.** Belo Horizonte: Editora Artesã, 2020 b.

LOSCHIAVO ALVARES, F.Q.; WILSON, B.A. **Reabilitação Neuropsicológica nos Transtornos Psiquiátricos – da teoria à prática**. Belo Horizonte: Editora Artesã, 2020.

LURIA A. R. **Higher Cortical Functions in Man**. New York: Basic Books, 1966.

MACLEOD, L. Making SMART goals smarter. **Physician executive**, v. 38, p. 68-70, 2013.

MANLY, T.; HEUTINK, J.; DAVIDSON, B.; GAYNORD, B.; GREENFIELD, E.; PARR, A.; ROBERTSON, I. H. (2004). An electric knot in the handkerchief: "Content free cueing" and the maintenance of attentive control. **Neuropsychological Rehabilitation**, v. 14, p. 89–116, 2004.

MILLAN, M.J.; AGID, Y.; BRÜNE, M. et al. Cognitive dysfunction in psychiatric disorders: characteristics, causes and the quest for improved therapy. **Nat Rev Drug Discov.**, v. 11, n. 2, p.141-168, 2012.

MILLER, G. A. The magical number seven, plus or minus two: some limits on our capacity for processing information. **Psychological Review**, 63, p. 81-97, 1956.

MOFFAT, N.J. Home based cognitive rehabilitation with the elderly. In: L.W. POON, L.W.; RUBIN, D.C.; WILSON, B. A. (Eds.). **Everyday Cognition in Adulthood and Late Life.** Cambridge University Press: Cambridge, 1989.

MYERS, David G. **Psicologia**. 9a ed. São Paulo: LTC, 2012.

O'DRISCOLL, G.A.; DÉPATIE, L.; HOLAHAN, A.L.; SAVION-LEMIEUX, T.; BARR, R.G.; JOLICOEUR, C.; DOUGLAS, V.I. Executive Functions and Methylphenidate Response in Subtypes of Attention-Deficit / Hyperactivity Disorder. **Biological Psychiatry**, v. 57, p. 1452-1460, 2005.

PAGE, M.; WILSON, B. A.; SHIEL, A. et al. What is the locus of the errorless-learning advantage? **Neuropsychologia**, 44, p. 90-100, 2006.

PAPAZIAN, O.; ALFONSO, I.; LUZONDO, R.J. Transtornos de las funciones ejecutivas. **Revista de Neurologia**, v. 42, supl. 3, p. 45-50, 2006.

PARK, N. W.; INGLES, J. W. Effectiveness of attention rehabilitation after an acquired brain injury: A meta-analysis. **Neuropsychology**, v. 15, p. 199–210, 2001.

PETERSON, S. E.; POSNER, M. I. The attention system of the human brain. **Annual Review of Neuroscience**, v. 13, p. 25-42, 2012.

PIEK, J.P.; DYCK, M.J.; NIEMAN, A.; ANDERSON, M.; HAY, D.; SMITH, L.M.; MCCOY, M.; HALLMAYER, J. The Relationship between motor coordination, executive functioning, and attention in school aged children. **Archives of Clinical Neuropsychology**, v. 19, p. 1063-1076, 2004.

PONTE, A.; FEDOSSE, E. Lesão Encefálica Adquirida: impacto na atividade laboral de sujeitos em idade produtiva e de seus familiares. **Ciência & Saúde Coletiva,** v. 21, p. 3171-3182, 2016.

PONTE, A.; FEDOSSE, E. Lesão Encefálica Adquirida: impacto na atividade laboral de sujeitos em idade produtiva e de seus familiares. **Ciência & Saúde Coletiva**, v. 21, p. 3171 – 3182, 2016.

PRIGATANO G. **Principles of neuropsychological rehabilitation**. New York: Oxford University Press, 1999.

QURESHI, A.; RIZVI, F.; SYED, A.; SHAHID, A.; MANZOOR, H. The method of loci as a mnemonic device to facilitate learning in endocrinology leads to improvement in student performance as measured by assessments. **Advances in physiology education**, v. 38, p. 140-144, 2014.

RATH, J. F.; SIMON, D.; LANGENBAHN, D. M.; SHERR, R. L.; DILLER, L. Group treatment of problem-solving deficits in outpatients with traumatic brain injury: A randomised outcome study. **Neuropsychological Rehabilitation**, v. 13, p. 461–488, 2003.

REILLY, J.; MARTIN, N.; GROSSMAN, M. Verbal learning in semantic dementia: Is repetition priming a useful strategy? **Aphasiology,** v. 19, p. 329-339, 2005.

ROBERTSON, I.H. **Goal Management Training: A clinical manual**. Cambridge, U.K.: PsyConsult, 1996.

ROYALL, D. R.; LAUTERBACH, E. C.; KAUFER, D. et al. The Cognitive Correlates of Functional Status: A Review from the Committee on Research of the American Neuropsychiatric Association. **Journal of Neuropsychiatry Clinical Neuroscience**, v. 19, n. 3, 2007.

SALA, G.; GOBET, F. Experts' memory superiority for domain--specific random material generalizes across fields of expertise: a meta-analysis. **Mem. Cogn.**, v. 45, p. 183–193, 2017.

SAVAGE, S. A.; BALLARD, K. J.; PIGUET, O.; HODGES, J.R. Bringing words back to mind: Improving word production in semantic dementia. **Cortex**, v. 49, n. 7, p. 1823-1832, 2013.

SHALLICE, T.; BURGESS, P. W. Deficits in strategy application following frontal lobe damage in man. **Brain**, v. 114, p. 727-741, 1991.

SNOWDEN, J.; NEARY. D. S. Relearning of verbal labels in semantic dementia. **Neuropsychological**, v. 40, p. 1715-1728, 2002.

SOHLBERG, M. M. External aids for management of memory impairment. In: W. M. High Jr.; A. M. Sander; M. A. Struchen; K. A. Hart (Eds.). **Rehabilitation for traumatic brain injury**, p. 47-70. New York: Oxford University Press, 2005.

SOHLBERG, M.; MATEER, C.A. **Cognitive rehabilitation: an integrative neuropsychological approach**. New York: Guilford Press, 2001.

SOHLBERG, M.M. External aids: Expanding our understanding of the most widely used memory rehabilitation technique. In: HIGH, H.; SANDER, A.M.; STRUCHEN. M.A.; HART,

K.A. (Eds.) **Rehabilitation for Traumatic Brain Injury** (pp 47-70). New York: Oxford Press, 2005.

SOHLBERG, M.M.; TURKSTRA, L.S. **Optimizing cognitive rehabilitation**. New York: Guilford Publications, 2011.

SPECTOR, A.; ORRELL, M.; DAVIES, S.; WOODS, B. (2000). Reality orientation for dementia. **Nursing times**, v. 97, n. 37, 2000.

SPENCE, J. D. **The memory palace of Matteo Ricci**. London, England: Penguin, 1984.

SQUIRE, L. R. Mechanisms of memory. **Science**, v. 232, n. 4758, p. 1612–1619, 1986.

SQUIRE, L.R. Memory systems of the brain: a brief history and current perspective. **Neurobiol Learn Mem.**, v. 82, n. 3, p. 171-177, 2004.

STURM, W.; FIMM, B.; CANTAGALLO, A.; CREMEL, N.; NORTH, P.; PASSADORI, A., et al. Computerized training of specific attention deficits in stroke and traumatic brain-injured patients: A multicentric efficacy study. In: LECLERCQ, M.; ZIMMERMANN, P. (Eds.). **Applied Neuropsychology of Attention**. (pp. 365–380). Hove, UK: Psychology Press, 2002.

STUSS, D. T. (2009). Rehabilitation of frontal lobe dysfunction: a working framework. In: ODDY, M.; WORTHINGTON, A. (Eds.). **The rehabilitation of executive disorders: A guide to theory and practice** (pp. 3-17). New York: Oxford University Press.

TIRAPU, JAVIER & TIRAPU-USTÁRROZ, J & GARCÍA-MOLINA, ALBERTO & LUNA-LARIO, P & ROIG-ROVIRA, T & VALERO, PELEGRIN. (2018). Modelos de funciones y control ejecutivo (II). **Revista de Neurologia**, v.46, 2018.

TWAMLEY, E.W.; ALLARD, C.B.; THORP, S.R.; NORMAN, S.B.; HAMI CISSELL, S.; HUGHES BERARDI, K.; GRIMES, E.M.; STEIN, M.B. Cognitive impairment and functioning in PTSD related to intimate partner violence. **J Int Neuropsychol Soc.**, v.15, n.6, p. 879-887, 2009.

UEKERMANN, J.; KRAEMER, M.; ABDEL-HAMID, M. et. al. Social cognition in attention-deficit hyperactivity disorder (ADHD). **Neuroscience & biobehavioral reviews**, v. 34, n. 5, p. 734-743, 2010.

VAIDYA, C. J.; STOLLSTORFF, M. Cognitive neuroscience of attention deficit hyperactivity disorder: current status and working hypotheses. **Dev. Disabil. Res. Rev.**, v. 14, p. 261-267, 2008.

VAISMAN, H.; ALMEIDA, K.M.H.; ALMEIDA, O.P. Abordagens psicoterápicas para idosos demenciados. In: FORLENZA, O.; ALMEIDA, O.P. (Eds.). **Depressão e demência no idoso.** São Paulo: Lemos, p. 167-192, 1997.

VAZ, E. R.; FONTES, S.V.; FUKUJIMA, M.M. Testes para Detecção de Apraxias por Profissionais da Saúde. **Revista de Neurociências**, v.7, n.3, p.136-139, 1999.

VERHAEGHEN, P.; MARCOEN, A.; GOOSSENS, L. Improving memory performance in the aged through mnemonic training: A meta-analytic study. **Psychology and Aging**, v. 7, p. 242- 251, 1992.

VOELBEL, G. T. **Computerized Auditory Training Improves Verbal Processing Speed in Adults with Traumatic Brain Injury: A model of neuroplasticity training.** Paper presented at the 25th Rotman Research Institute – Baycrest Conference, Toronto, Ontario, 2014. Disponível em: http://mediasite.otn.ca/Mediasite/Play/c3b02ff82e4d4934b0d3488d3fa646481d

VON CRAMON, D.Y.; MATTHES-VON CRAMON, G.; MAI, N. Problem-solving deficits in brain-injured patients: A therapeutic approach. **Neuropsychological Rehabilitation**, v. 1, n. 1, p. 45-64, 1991.

VON RESTORFF, H. Uber die wirkung von bereichsbildungen im spurenfeld [The effects of field formation in the trace field]. **Psychological Research**, v.18, p. 299–342, 1933.

VON RESTORFF, H.; WIRKUNG, U.D.; BERE, V. Ichsbildungen im Spurenfeld [On the effects of the formation of a structure in the trace field]. **Psychologische Forschung**, v. 18, p. 299–342, 1933.

WILLIS, P.; CLARE, L.; SHIEL, A. et al. Assessing subtle memory impairments in the everday memory performance of brain injured people: Exploring the potential of the Extended Rivermead Behavioural Memory Test. **Brain Injury**, v. 14, n. 8, p. 693-704, 2006.

WILSON B.A; BETTERIDGE, S. **Essentials of Neuropsychological Rehabilitation**. New York: Guilford press, 2019.

WILSON, B. A reabilitação neuropsicológica e os modelos complementares. In: LOSCHIAVO ALVARES, F.Q.; WILSON, B.A. **Reabilitação Neuropsicológica nos Transtornos Psiquiátricos – da teoria à prática**. Belo Horizonte: Editora Artesã, 2020.

WILSON, B. A.; EVANS, J. J. Error-free learning in the rehabilitation of people with memory impairments. **The Journal of Head Trauma Rehabilitation**, v. 11, n. 2, p. 54–64, 1996.

WILSON, B. **Neuropsychological rehabilitation**: theory and practice. Lisse: Swits & Zeitlinger, 2005.

WILSON, B.A. Toward a comprehensive model of cognitive rehabilitation. **Neu- ropsychological Rehabilitation**, v.12, p. 97-110, 2002.

WILSON, B.A.; GRACEY, F. Towards a comprehensive model of neuropsychological rehabilitation. In: WILSON, B.A.; GRACEY, F.; EVANS, J.A.; BATEMAN, A. (Eds). **Neuropsychological Rehabilitation – theory, models, therapy and outcome**. New York: Cambridge University Press, 2009.

WINEGARDNER, J. Executive Functions. In: WINSON, R.; WILSON, B. A.; BATEMAN, A. (EDS.). **The Brain Injury Rehabilitation Workbook**. New York, NY: Guilford Press, 2017. p. 106-138.

WONG, D.; COLEMAN, M.Y.; YMER, L.; PONSFORD, J.; MCKAY, A. O impacto dos distúrbios do sono, fadiga e outros fatores relativos ao estilo de vida nas metas e estratégias de reabilitação. In: LOSCHIAVO ALVARES, F.Q.; WILSON, B.A. **Reabilitação Neuropsicológica nos Transtornos Psiquiátricos – da teoria à prática**. Belo Horizonte: Editora Artesã, 2020.

WORTHINGTON, ANDREW & WALLER, JACKIE. **Rehabilitation of everyday living skills in the context of executive disorders**. 2008.10.1093/med/9780198568056.003.0011.

WYKES, T.; SPAULDING, W. D. Thinking about the future cognitive remediation therapy – what works and could we do better? **Schizophrenia Bulletin**, v. 37, n.2, S80-90, 2011.

YATES, F. A. **The art of memory**. London: Routledge and Kegan Paul, 1996.

ZANETTI, O.; FRISONI, G.B.; DE LEO, D.; DELLO BUONO, M.; BIANCHETTI, A.; TRABUCCHI, M.E. Reality orientation therapy in Alzheimer's disease: useful or not? A controlled study. **Alzheimer Dis Assoc Disord.**, v. 9, p. 132-138, 1995.

A AUTORA

Dra. Fabricia Quintão Loschiavo Alvares – Doutora em Neurociências pela Universidade Federal de Minas Gerais (UFMG) e pela Universidade de Cambridge – Reino Unido. Especialista em Reabilitação Neuropsicológica pelo Oliver Zangwill Centre, no Reino Unido, e em Neuropsicologia pela Univesidade Fumec. Terapeuta Ocupacional pela UFMG, trabalhou em diversas instituições e hospitais no Reino Unido, dentre eles o Instituto Oliver Zangwill e o Raphael Medical Centre, na Inglaterra, onde foi consultora de pesquisa e clínica em Reabilitação Neuropsicológica. Ministra cursos nacionais e internacionais sobre sua vasta atuação clínica. Autora de diversos livros e capítulos de livros nacionais e internacionais e de vários artigos publicados em periódicos internacionais, é professora e pesquisadora na área. Sempre trabalhou com reabilitação neuropsicológica em crianças, adultos e idosos com lesões adquiridas, transtornos do neurodesenvolvimento e psiquiátricos. Sócia-fundadora e diretora clínica da Nexus – Instituto de Pesquisa, Ensino e Clínica em Reabilitação Neuropsicológica, em Belo Horizonte / Minas Gerais, instituição premiada na categoria Excelência em Laboratório de Pesquisa Inovação Científica – Prêmio Dr. Fernando Capovilla, no Brain Connection em 2020, pelas pesquisas conduzidas na área da Reabilitação Neuropsicológica. Presidente do Grupo de Interesse Específico em Reabilitação Neuropsicológica (SIGBRA) ligado à World Federation of Neurorehabilitation. Recebeu o prêmio Special Tribute 2020, conferido pelo Projeto Erasmus – União Européia, CAP SUR L'ECOLE INCLUSIVE EN EUROPE, pela carreira e trajetória de destaques na área da Reabilitação Neuropsicológica.

Junto com a Dra. Barbara A. Wilson, é autora e organizadora do maior lançamento de Reabilitação Neuropsicológica no Brasil, o livro "Reabilitação Neuropsicológica nos Transtornos Psiquiátricos – Da Teoria à Prática".

A Dra. Fabricia Loschiavo também é a autora e organizadora da Coletânea "Como eu Faço a Reabilitação Neuropsicológica", composta por 10 exclusivos Manuais e cursos que objetivam responder à grande pergunta: "Como eu faço a Reabilitação Neuropsicológica?".

Este livro foi composto com tipografia Bembo
e impresso em papel Offset 90g.